志水宏吉
若槻　健【編】

「つながり」を生かした学校づくり

東洋館出版社

3 教師同士のつながり

4 学校と保護者のつながり

5 学校と地域のつながり

6 学校と学校のつながり

第1部

「つながり」が子どもを育てる

（志水 宏吉）

❶ はじめに

私の身近なところに赤ちゃんや幼い子どもたちが生活している。皆さんのまわりにもいることだろう。彼らの日々の成長ぶりには、驚かされることが多い。3歳ともなれば、ほとんどの子どもたちは関西なら関西弁、東京なら東京弁を流ちょうに操ることができるようになる。

彼らは、母親・父親を中心とする周囲との他者とのかかわり合いのなかで、さまざまなことを学び取っていく。彼らを見ていると、他者との「つながり」が成長のカギだと思い知らされる。本章のタイトルは、「『つながり』が子どもを育てる」であるが、ここで言いたいのは、「『つながり』があれば、子どもはよりよく育つ」といった通常の主張ではない。そうではなく、「**『つながり』こそが、子どもを育てる**」という、より強い主張である。逆に言うなら、「人と人との『つながり』なくしては、人は決して育たない」ということである。

以下本章では、次のような流れで、この「つながり」というテーマが有する教育的意義について論じてみることにしたい。まず2節で、私が「つながり」がもつ力という主題に関心を持つようになったきっかけについて述べ、3節では、私たちの学力データ分析の中から浮かび上がってきた「つながり格差」仮説というものを紹介する。そのうえで4節では、「つながり」がもつ力を2つの学習観の対比という観点から論じる。さらに5節では、「つながり」を意味する学術用語である「社会関係資本」という考え方の概要を説明する。そして最後の6節では、本書の基本コンセプトと内容構成を述べる。

❷「つながり」の威力――布忍小学校のエピソードから

私にとって、本書にも登場していただいている大阪府松原市の布忍小学校との出会いは決定的なものだった。今から十数年前のことである。

当時の私は、前任校である東京大学に勤務していた。おりしも「学力低下論争」が勃発し、私たちは学力調査に乗り出すことになった。2001年のことである。子どもたちの学力が低下したかどうかを検証するためには、過去に行われた調査との比較が有効であると考えた私たちは、1989年に大阪府内で実施された学力実態調査に目をつけた。これは、同和地区の子どもたちの低学力の実態を把握することを目的とした調査で、国語・算数数学の学力テストと生活・学習状況にかかわるアンケート調査から成り立つものであった。同じ設問を同じ小・中学校でやれば、低下したかどうかを判断できるのではないかと考えた私たちは、あわせて40校ほどの小・中学校にお願いをし、調査を実施させてもらった。

その結果見出されたのは、以下の2点である。第一に、基礎学力の「ふたこぶラクダ化」の傾向が見てとれたこと、すなわち「学力低下」の実態は「学力格差の拡大」であること。第二に、そうした状況のなかで、大変がんばっている学校（=「しんどい層」の学力を下支えしている学校）が見いだされたこと。すなわち、私たちがそれ以降「効果のある学校」と呼ぶようになる学校が発見されたこと（苅谷剛彦・志水宏吉・清水睦美・諸田裕子『調査報告「学力低下」の実態』岩波ブックレット、2002年）。そして後者の代表が、府内松原市の布忍小学校（以下「布小」、およびその上に接続する松原第三中学校（以下、「三中」）であった。

2003年4月に現任校である大阪大学に移ることになった私は、2003年度は布小に、2004年は三中にそれぞれ足繁く通い、いろいろと勉強させてもらった。特に、布小の諸実践は、私にとって衝撃的なものであった。その具体的な中身については他書（志水宏吉『公立小学校の挑戦――「力のある学校」とはなにか』岩波ブックレット、2004年；志水宏吉『学力を育てる』岩波新書、2005年）にゆずり、ここではくわしく振り返ることはしない。ともかく布小では、人と人との「つながり」が大事にされ、あたたかな人間関係のネットワークのもとで子どもたちが大切に育てられ、さまざまな力を伸ばすことができていた。

同和・人権教育の実践校として関西では広く名が知られた布小そして三中が学力面でも顕著な結果（＝「ふたこぶラクダ」の克服）を残しているという明白な事実は、教育社会学者としての私の「常識」を完全に覆すものであった。それらの学校に通う子どもたちのかなりの部分は、経済的・文化的に必ずしも恵まれてはいない家庭から通ってきている。一般的に言うなら、指導上の困難は小さくないはずであるが、両校では、人間関係の「つながり」の力でそのハンディキャップを見事なまでに克服していた。

布忍小の実践をまとめたブックレットの結論部分で、私は次のように書いている（なお、引用中の「社会関係資本」は「つながり」と読みかえていただきたい。「社会関係資本」の考え方については、のちに述べる）。

布小のかかえる社会関係資本は、私の目には、高水準で増殖し続けているように思われた。外部との関係で言えば、学校と親、学校と地域社会、学校と教育委員会、学校と他の校園との間に、そして内部的に言うなら、管理職と一般教師、教師と事務職員、教師同士、教師と子ども、子ども同士の間にたしかな信頼関係が築かれ、そこに大量の社会関係資本が蓄積されていた。（中略）布小が有する高い社会関係資本は、子どもたちが持つポテンシャルを最大限に引き出し、『関係の力』によって、それをある高みにまで引き上げる効果を有しているように思われる。（2004年の前掲著65‐66頁）

目次を見ていただければわかるように、本書の基本コンセプトは、今から十数年前に書かれた右記の文章のなかに端的に表現されている。

❸「つながり格差」の発見

それから数年が経過した2007年に、数十億円の予算をつぎこんで全国学力・学習状況調査（以下、「全国学テ」）が始まった。ご存知のない方も多いと思うが、厳密に言うなら全国学テは、その時点で新規に始まったわけではない。それから遡ること約半世紀、1950年代から60年代にかけて、日本では全国学テが行われていた経緯がある。2007年のものは、43年ぶりに実施されたものであった。つまり全国学テは、復活したというか、再スタートを切ったのである。

結果は、皆さんご存じの通りである。秋田県や北陸三県といった日本海側の諸県がトップクラスに並び、北海道・大阪府・高知県・沖縄県などの結果は振るわなかった。特に、私は大阪の大学に勤務し、学力問題にすでに取り組んでいたため、大阪府の結果は思わしくないのではないかという不安を抱いていたが、まさか下から2番目とか3番目の結果が出てくるとは予想していなかった。現場の教師たちの落胆は、大きなものだった。これだけがんばっているのに、結果が出てこないとは……。

驚いてばかりもいられないので、私たちは教育社会学的な視点からの結果の分析を試みた。そこで浮かび上がってきたのが、子どもたちの学テの点数にとりわけ強く結びついている統計指標が3つあるという事実であった。「離婚率」「持ち家率」「不登校率」の3つである。

半世紀前の子どもたちの学力は、その土地の経済的豊かさときわめて強く結びついていた。私たちの大先輩にあたる教育社会学者たちは、当時の学力格差は「とひ格差」である、という議論を展開していた。それに対して、現代に生きる私たちが見出したのは、それとはいささか様相を異にする状況であった。私たちは、それを「つながり格差」と名づけることにした（志水宏吉『「つながり格差」が学力格差を生む』亜紀書房、2014年）。私たちの提唱する「つながり格差」の定義は、以下のようなものである。

離婚率の低さに示されるような地域・近隣社会と子どもとのつながり、不登校率の低さに結びつくような学校・教師と子どもとのつながりが、それぞれに豊かな地域の子どもたちの学力は高い。それに対して、それらのつながりが脅かされている地域の学力は相対的に低い。

（志水　17頁）。

たとえば、学力トップと言われている秋田県では、離婚率（46位、2014年の値）、不登校率（47位、2013年の「中学校」の数値）はきわめて低く、持ち家率（1位、2008年の数値）は全国一である。これらの数値と小・中学生の平均学力の高さとの相関関係は、一目瞭然であると言ってよいだろう。それを説明する論理が、私たちの「つながり格差」仮説である。

しかしながら、秋田県の平均所得は、必ずしも高くない。2013年の厚生労働省のデータによると、秋田県の平均収入は351万円と、全国で45番目の数値となっている。メディア等では、家庭の経済力の高さが子どもたちの学力に大きな影響を与えているという議論がもっぱらなされているが、経済的要因だけでは、秋田の子どもたちの高い学力水準をとうてい説明することはできない。**すなわち、秋田の小・中学生の好成績は、「つながり」の豊かさという要因を入れてこそ初めて説明がつくのである。**

「つながり格差」は、学力格差の原因を探ろうという努力のなかで導き出された考え方である。つまり、「つながり格差」は学力の高低を説明するうえでの図式である。しかしながら、「つながり」は「学力」のみに関係するものではないだろう。「つながり」の豊かさは、子どもたちの人間形成や社会性の育成にとっても、大きな意義を有しているにちがいない。本書の各章で扱われるのは、こうした、「つながり」というものがもつ広い意味での教育効果である。

❹「つながり」と「学び」――ピアジェとヴィゴツキー

なぜこれほどまでに私が「つながり」の意義を強調するのか。読者の皆さんのなかにはいぶかしく思われる方もいるかもしれない。人は自ら学ぶ生き物であり、人間にとって主体性や自律性はきわめて大切である。独立独歩や自主自立といった言葉があるように、人間一人ひとりの意思や個性は最大限尊重されなければならない。私も、このような考え方に全面的に賛成する。

しかし、話はそれだけにとどまるものではない。

先に「人と人との『つながり』なくしては、人は決して育たない」と述べた。狼に育てられた子どもの事例を引くまでもなく、それは真実である。人間に育てられることによってはじめて、人は人間になる。動物に育てられたなら、人はおそらく動物のままであるだろう。母親との交流のなかで赤ちゃんは幼児となっていく。師匠とのやりとりのなかで弟子は一人前になっていく。先輩や仲間とのかかわりのなかで人はちゃんとした大人になっていく。

それはなぜか。人の「学び」というものは、基本的に人と人との「かかわり」のなかで生じるからである。乳幼児の言語習得の事例がわかりやすいだろう。言葉を覚え始めた幼児が犬を見て「ワンワン」と言った時、お母さんを中心とする周囲の大人は、もしそれが正しければ、「そう、ワンワン。よく言えたね」とほほ笑みながら、「ワンワン」という言葉を繰り返すだろう。一方、もしそれがネコであったら、「これはワンワンじゃなくて、ニャンニャンだよ！」と、修正を促すだろう。幼児の方は、その大人の対応を見ながら、事物と言葉の対応関係を体得していく。大人との応答なくしては、「ワンワン」と「ニャンニャン」の違いなど、永遠に習得されることはないだろう。

一事が万事、人が学ぶということはそういうことである。このことをロシアの心理学者ヴィゴツキーは、「学びは人と人との間で起こる」と表現する。その指摘は正しい、と私は思う。

たとえば、小学校高学年の子どもや中学生が学校の勉強に取り組まなくなったとき、周囲の大人は「彼（彼女）は、勉強が苦手だから」、あるいは「勉強が好きじゃないから」と、個人の「資質」に還元して考えがちである。その言葉にも、一面の真理はあるだろう。ただ、彼（彼女）がなぜ学習へのモチベーション・意欲を失ったのかが、より重要であるように思う。「勉強がわからなくなったから」という答えがすぐに出てきそうだが、ヴィゴツキー的に言うなら、「勉強がわかるようになる」、あるいは「勉強がわかりたいと思うようになる」周囲の社会環境（＝他者との関係性）がないことが重大な問題なのである。

個人の「やる気」を支える上で、周囲の他者からの言葉がけやサポートがいかに大事なものであるか。人を教えた経験がある者なら、そのことの重要性は身にしみてわかるだろう。指導者の心ないひと言や身内からの辛辣な言葉によって、ある活動に対するモチベーションが一気にしぼんでしまう例はいくらでもある。逆に、周囲の人の、あの時のあの言葉が、今の自分の支えとなっているというケースもたくさんある。「学び」と「かかわり」は不可分なのである。

ヴィゴツキーと同時代の発達心理学者にピアジェがいる。死後にその仕事が注目されるようになったヴィゴツキーとは対照的に、ピアジェは生きているうちから大学者としてあがめられ、教育界に大きな影響を与えてきた人物である。

ピアジェの学習観を最もシンプルに言うなら、「学びは個人の頭のなかで起こる」というものであった。個人の頭脳は、コンピューターのようなものであるとされた。さまざまな知的操作を、できるだけ早く、そして正確にできることがよしとされた。とりわけ、抽象的思考を素早くこなせる人間が「頭のよい」人間とされ、その高度な習熟が学校学習の究極の目標であるとされた。このピアジェの学習観に、他者との「かかわり」が入りこむ余地はあまりない。ペーパーテストでよい点数をとることが至上とされる今日の学校教育の形に大きな影響を与えてきたのが、このピアジェの学習観である。

ピアジェ的に考えるなら、学力向上の具体的な手立ては、個々の学習者の個性・適性に応じた教育方法を準備し、できるだけ効率的に学習を進めることになる。いわば、「個人塾」的なアプローチである。対照的に、ヴィゴツキー的に考えるなら、学級のメンバーが支え合い、高め合う学習集団の質を高めることが最重要課題となる。「学級づくり」や「学校づくり」といった日本の学校現場で培われてきた言葉が、この発想に近いものである。言うまでもなく、本書の底流にあるのは、この、「つながり」を重視する後者の発想である。

❺ 社会関係資本という概念

ここまで述べてきたような「つながり」の力を、今日の学問の世界では「社会関係資本」（social capital）という言葉で言い習わすようになっている。社会関係資本とは、端的に言うなら、「人間関係が生み出す力」のことになる。

この概念は、教育以外の領域でも注目を集めている。たとえば、医療の領域（代表的な著作に、カワチ他編著『不平等が健康を損なう』日本評論社、2004年などがある）。ある調査結果によると、個人の人間関係が濃密な町では、そうでない町より、心臓疾患等に罹患する住民の比率が低くなるという。あるいは、国際協力の領域（同じく、佐藤寛編『援助と社会関係資本』アジア経済研究所、2001年など）。ODA等の資金を途上国の発展に投入する場合にカギとなるのは、その国の人間関係の質だという。豊かな人間関係が構築されている場所では、投資が具体的成果に結びつきやすいが、そうでない場合は無駄に終わる場合が少なくないようである。

次に、教育の場にひきつけて、その意義を改めて具体的に考えてみよう。

ここに2つの学級があるとする。学級Aの方は、教師の丹念かつ継続的な指導の結果として、クラスの子どもたちに良好な人間関係が育まれている。他方、学級Bでは、残念ながらそういう状況にはなく、子どもたちの間には対立が生じやすく、また孤立している子どもの姿も目立つ。こうした状況がある場合、学力面をはじめとするさまざまな側面において、学級Aの方が学級Bより優れた教育的成果が生じやすいということは、教師であるなら誰もが納得のいくところであろう。その秘訣は、ずばり教室に蓄積されている社会関係資本の量にあると考えるのである。

ちなみに、社会関係資本をめぐる議論においては、3つのタイプの社会関係資本があるとされている（志水宏吉『「つながり格差」が学力格差を生む』亜紀書房、2014年、第3章を参照）。「きずな型」（bonding 型）、「架け橋型」（bridging 型）、「結合型」（linking）がそれである。「きずな型」

とは、ある集団や組織内での「つながり」に言及するものである。「教師と子どものつながり」「子ども同士のつながり」といったものがそれに該当する。次の「架け橋型」とは、ある集団や組織と外部との「つながり」を示すものである。「学校と地域とのつながり」、あるいは「他の学校とのつながり」などがそれに相当するだろう。最後の「結合型」とは、ある集団や組織と外部のエキスパート・専門機関との「つながり」に言及するものである。「大学（教員）」とのつながりがその典型だと位置づけることができる。

学校づくりの過程において、人間関係の重要性は言うまでもないことだと多くの読者がお考えになるだろう。それはそうである。しかしながら、現実の学校の姿を見た場合、必ずしも「つながりの力」が発揮されていないという事例に出会うことが少なくない。「教育は人である」という事実に間違いはないが、多忙化や合理化・効率化が顕著な現代の学校状況のもとでは、その基本をややもすると忘れがちになってしまうことも多い。子どもに「つながりの大切さ」を説きながら、自分たち大人は満足に「つながっていない」現状があるのではないか。

ふたたび学力の話に戻るなら、たとえ経済的あるいは文化的に恵まれていないタイプの家庭に生まれ育った子どもたちであったとしても、彼らを取り巻く人間関係――家族との関係や友人関係、教師との関係や地域の人々との関係――が豊かなものであれば、彼らの学力は下支えされる傾向が強かった（→「つながり」格差）。仲間たちと支え合う関係性のなかでこそ、子どもたちはそれぞれの学力を高めることができる。それだけでなく、支え合い、高め合う関係のもとでこそ、子どもたちの社会性や人間性が鍛えられ、将来の社会を担う立派な大人へと彼らは成長することができる。格差社会・分断社会の進行が不安視される今日、社会関係資本という要素の意義は強調しても、しすぎることはない。

❻ 本書のコンセプト

本書は、関西大学の若槻健さんとの共編著という形をとっている。

私と若槻さんとは「同門の徒」である。彼の「師匠」である故池田寛大阪大学教授は長く人間科学研究科（以下「人科」）で教鞭をとられた。若槻さんは、その最後の「弟子」の一人である。そして、若い時に人科で助手を務めさせていただいた私は、40代前半のころに池田先生に声をかけていただいて、人科の助教授となった。その時「古参院生」として大学院に在籍していたのが若槻さんである。それ以来のつきあいである。

本書に文章をお寄せいただいた20の学校はいずれも、私か若槻さん（あるいは両方）が懇意にさせていただいている学校である。その内訳は、小学校が8校、中学校が6校、高校が4校。そのほかに、小中学校が1校（＝信濃小中学校）、中学校区（小2校・中1校＝大阪府茨木市豊川中学校区）で原稿をお寄せいただいたものが1件となっている。

地理的な分布としては、北海道（＝小樽市稲穂小学校）から福岡県（＝久留米市南筑高校）まで全国にわたっているが、関西に所在する学校の数が相対的に多くなっている。それはもちろん、私たちの勤務大学が大阪に所在しているという事情によるところが大きいが、もう一つここで述べておくべき事柄がある。それは、本書の編集に携わった私たちの研究関心の軸足が、同和教育・人権教育の伝統のもとにあるという事実である。

私にとっては、松原市の布忍小学校との出会いが大きかったとすでに述べたが、布小のような、校区に同和地区のある学校では、地域や家庭の課題が相対的に他の学校と比べて大きいために、以前から「つながり」を大切にした学校づくりを行ってきたという歴史的経緯がある。そうした実践の伝統は、同和対策の法律が切れた2002年以降も「人権教育」という用語のもとで着実に継承されている。「つながり」を主題とした本をつくろうとした時に、おのずと同和教育・人権教育の実践校として知られた学校に対象校が集中する傾向が見られたのは、そうした事情からである。

さて、この本の中心は7つのパートから成り立っている。この序論のあとに、「教師と子どものつながり」、「子ども同士のつながり」、「教師同士のつながり」、「学校と保護者のつながり」、「学校と地域のつながり」、「学校と学校のつながり」、「学校と社会とのつながり」という7つのパートを設定した。先にあげた言葉で言うと、最初の3つが「きずな型」の社会関係資本を、次の3つが「橋渡し型」のそれを、そして最後の1つが「結束型」のそれ（具体的には「大学」および「職場」とのつながり）を扱うことになる。そして結びとなる終章では、若槻さんなりのユニークな視点で、20の事例から見えてくることを手際よく整理してもらっている。

本書が、一人でも多くの読者の目にとまり、「つながり」の構築をベースとする学校づくりの魅力や起爆力に気づいていただけることを、編者として心から期待している。

第2部

「つながり」を生かす学校の取り組み

1　教師と子どものつながり

教師と子どもを信頼でつなぐ

まんのう町立満濃南小学校

❶共に学びを創る：意味付けと価値付けを大切にして

よりよい学校づくりのために、どのような子どもの姿をめざすのかを明らかにし、そのような姿に迫る教育課程や授業をデザインし実践することが有効である。しかし、現実はそう簡単ではない。

私たちの学校では、こうした問題の解決のために、日常生活における教師や子どもの姿にこそヒントがあるの

まんのう町立満濃南小学校

昭和56年4月1日、吉野小学校と神野小学校、四条小学校の西田井地区を統合して誕生。

南に阿讃の山々を仰ぎ、灌漑用のため池として我が国第一位を誇る満濃池を有し、土器川、金倉川が流れ、田畑が広がる豊かな自然に恵まれた校区である。

満濃池周辺に昭和62年には国営讃岐まんのう公園が開園し、全国からの来園者で大変にぎわっている。

ではないかと考え、良き行為の意味付けや価値付けを大切にし、「共に学びを創る」授業づくりを推進することにした。「共に学びを創る」とは、普段の授業づくりを中核にしながら日常活動を通じて、「子どもと教師」「子どもと子ども」の「学びのつながり」を組織しようとするものである。

❷日常活動にこそ、ヒントがある

学校づくりを進める上で、子ども理解や子どもへのかかわり方、さまざまな教育活動に子どもとどう向き合うか、この点を重視したい。子どもの育ちや特性、能力、感じ方は千差万別であり、そういう個性的な部分や変化の兆しが見える教師になりたいと願う。

以下の事例は、理論を述べているのではなく、本校の先生方が日々の実践に当たっている姿の中から、優れた実践例として「他に広げたい」「若年者にも学んでほしい」と取り上げた実践や願いである。言わば、本校の先生方の実践の中から生まれた個々の総和としての日常の指導モデルでもある。

（1）できれば教室で、子どもたちを

朝、登校して来た子どもたちは、教室で伸び伸びと過ごしている。学習用具などを整えながら、

昨日家庭であった出来事、自慢話、宿題のこと、登下校中にあったおもしろいことなど、子どもたちの話題の多さには驚かされる。その場に居合わせた学級担任は、子どもたち一人ひとりの家庭・生活環境や特性、現在の興味・関心など、または、通学路の危険箇所も話題として登場することもあり、学級経営の参考となる教育情報が把握できる機会となっている。

そして、教室に入って来る子どもたち一人ひとりに担任の方から「おはよう」と明るく、元気に挨拶をしていると、子どもたちも「おはようございます」と返してくれるようになる。初め充分な挨拶ができなかった子どもも少しずつできるようになる。毎日続けていると、子どもたちと担任との細いつながりが、次第に強い「絆」になるのを感じるようになる。できれば教室で、子どもたちを迎えたい。

(2) 朝の会や活動を意図的・計画的に

一階の東の方の教室からは、子どもたちがつくった「学級の歌」が響いてくる。音楽のリズムに合わせながら身体を自然に動かして歌を楽しんでいるように見える。別の教室からは国語で学習した物語の一斉朗読が聞こえてくる。また、「昨日、ぼくはゲームを友だちとしました。とても楽しかったです」「今朝、家の猫が五匹子どもを産みました。みんな元気に育ってほしいです」などの報告と、それを受けて子どもたちの質問が飛び交う。「私は、今日はなわとびを頑張ります」「僕は、図書委員会で図書室のお世話をします」などの誓いの言葉、そして拍手が鳴っている。さらに、「先生のお話」

の場面では朝の集会や全校朝会での学びを子どもたちに投げかけ、学校教育目標や学級目標とつないだ話をしている。

この活動から得られる人間としての感性は、生活のスタートにあたっての意気込みと、学級の一員としての自覚と所属感の高揚につながることは確かである。毎日行われる朝の会や帰りの会は、一つ一つの学びの点がつながって、線や面に広がる教育的な営みの場と考えたい。たかが朝の会、されど朝の会なのである。

(3) 休み時間を個性・特性を把握するチャンスに

今、休み時間の校庭から教員の姿が消えつつある。毎日でなくても週に1回、月に1回でもいい。子どもたちと遊ぶ時間を生み出してほしい。特に、若い先生方は外で子どもたちと遊んでほしい。

休み時間に遊ぶ子どもたちの顔には、授業中には見ることができない発見がある。教室内でのリーダーは、遊びのリーダーになるとは限らない。必ず遊びの主役がいて、仲間から一目置かれたり、集団をまとめたりしている現実を、担任は自分の目で確かめることができる。

遊びの仲間に入れない子、一人遊びに夢中になる子、遊びもせずに校庭をブラブラと一人で歩いている子、校庭にも出ないで教室でおしゃべりをしている子、図書室で読書をしている子等々、子どもたち一人一人の個性・関係性を把握する絶好のチャンスを逃すことはない。そして、ここでも担任と子どもたち、子どもと子どもの関係をつなぐチャンスが見え隠れしている。

（4）チャイムを厳守するのは先生から

「時間を守ろう」。生徒指導の月目標でよく見かける文言である。この目標の徹底を望むなら、担任が実行すれば、簡単に解決する。子どもたちがチャイムの合図で着席しても、肝心の指導者が遅れて教室に来たのでは、「目標は守らなくていいよ」と言っているのと同じである。これが年間ともなれば、大変な授業時数の減になる。自分で、時計を見ながら行動することを、私たちも率先して子どもたちに示したい。

挨拶も先生の側からしていくと、子どもたちができるようになる。不思議なものである。時計を見て行動する、挨拶を進んでする、丁寧な言葉遣いをする、いずれも教師の側が進んで心がけたい。上級生も下級生も、先生方も心がける。そういう気風の中で、子ども一人ひとりが育つのだと思う。

（5）温かい配慮のある環境の中で

「きずなの時間」を巡回した。導入、展開、終末という指導過程の工夫はもとより、子どもとのやりとりの中で学級づくりの指導ができていることにも注目したい。例えば、「先生は、○○さんのうなずきながら聞いてくれるのが、とても嬉しいよ」、「質問名人の○○さん……」、「『はい』、は一度だけで後は黙って手をあげているね」、「話し合いの時に、相手の目を見ながら聴くといいね。こうだよ……」など、子どもに学び方を育てる助言が随所に見られる学級がある。こういう取り組みがあって、次第に子どもたちの話し方・聴き方が育ってくるのだと思う。

さらに、さりげない気配りも見られた。それは、教室右前面に花を飾っているが、その花の呼びかけに応えて、持ってきてくれた友だちの名前（○○さん、□□さん→ありがとう）が書かれている。その二人は嬉しい気持ちになり、また持って来ようという気持ちになるだろう。担任の普段の学級づくりの温かい配慮が見て取れる。これがすべてではないが、授業の中でも、普段の掲示の中でも、いろいろな場で温かい担任の配慮に囲まれて生活する子どもたちは幸せである。

（6）わずかなつぶやきや表情にも敏感に

教師が、子どもの発言や表情や動きに敏感になり、感動する心をもつ教師でありたい。教師が心から「いいなあ」と思ったり、何でもない発言を大切に取り上げたりする様子を子どもはしっかり見ている。例えば、誤答を丁寧に扱い、「みんなの問題として考え」たり、その考えの背景を探ったりしている学級では、間違いを恐れず素直に表現したり生き生きと発言したりする子どもが育っている。つまり、良さとか美しさとか努力しようとする尊い姿に微妙に感動する心をもつ教師でありたい。そうすると授業の中でも子どもの心がよくわかり、未熟な考えでも、何気なく発言したことでも教師が取り上げ、生かしたり引き出したりするようになる。

（7）掃除の時間は教科書のない心の学習の場

掃除の時間を子どもたちはどのように考えているだろうか。教室での、教科書を使っての学習はいわゆる「勉強の時間」ととらえているが、掃除の時間もそのように考えているだろうか。掃除の時間は教科書のない、自分で創る心の勉強の時間であると考えたい。

掃除が十分できずに、少し気になる子どもがいる。その近くに寄り添い、いつも一緒に掃除をしている担任の先生の姿が見られる。そこでは、「〇〇の時、こんな言い方をするといいよ」「……を続けようね」など、自分の経験に基づいて、よりよい生き方・在り方を伝えようとしている。こういう様子が、しばらくの期間、掃除への取り組みが定着するまで続いている。そのうち、少しずつ距離を置きながらも見守る姿勢を忘れない。そして、「もう大丈夫。先生が見ていなくてもきちんとできている〇〇さん、すごいよ」。そんな励ましの声が、先生から聞かれる。

担任の先生の目の届かない所で、教室から離れた場所で、どんな言動や態度で過ごすことができるか、掃除は心の成長のバロメーターであり、教科書のない心の勉強の絶好の機会ととらえたい。教科書のない学習の場は、たくさん転がっている。

（8）明日への期待感をふくらませる帰りの会に

帰りの会は、一日の学校生活のしめくくりである。それが、今日の反省を型どおりに済ませ、明日の予定と、宿題の予告などで終わったのでは空しいものである。帰りの会では、担任と子ども、子ども同士の連帯感、所属感、成就感などを体得させ、明日への期待感をふくらませる貴重な時間にしたい。例えば、学級経営目標が達成できたのかについて振り返らせたい。そして、学級の成長とそれにかかわった子どもたちの具体的な行動をほめることである。必ずや子どもたちは、担任の観察力の鋭さに気づき、驚き、それが尊敬と信頼に発展していくものである。ほめて育てるために、一人ひとりをよく見つめることを大切にしたい。

また、叱るときもある。叱るときは毅然とした態度で臨みたい。叱ることも教育である。そして忘れてはならないことは、叱られた子の心情をくみ取っての配慮・カウンセリングマインドがなければ、その子は明日が辛くなる。それが原因で、もしいじめにもつながるようなことになったら、何のために叱ったのかわからなくなる。

教室から出る子どもたちの誰をも、満足感に満ちあふれた状態で家庭に帰してあげたい。叱られたことを家庭にまで持ち込ませてはならない。明日の学級経営は、帰りの会にあると考えたい。

❸ 全教職員で子どもを育てる

子どものつながりを創り出すのは、日常生活の中での担任や教師集団の観察と機をとらえた適切な価値付けに負うところが大きい。それが担任一人の力となると、微々たるものである。それが、「全教職員で子どもを育てる」所以である。そこで、子どもと子どものつながりや、子どもと教師のつながりを創り出すために、意味付けと価値付けの場を大切にしている。

（1）スタートと終わりの姿を意識させる始業式や終業式に！

学期末の終業式での校長の話は、現学期の成果や次学期の方向性を誘うものでありたい。例えば、「トイレのスリッパの整頓ができるようになった」という成果が見られたとすると、デジカメなどで記録しておき、プロジェクターで目に見えるようにすると、「確かにそうだ」「このことは続けなければ……」という意識を掘り起こすことになる。そして、価値付けだけに終わるのではなく、「トイレのスリッパ」がいつも整頓されているということは、どういうことか考えさせることが大切である。きっと、気がついた人が整頓してくれているのであり、それがいつもできているということは一人だけでなくみんなが気をつけてくれていることである。さらには、そのことは「次の人のことを考えている」ということであり、大変価値のあることであると価値付けるようにしている。スリッパの整頓ということの向こうには、「次の人のことを考える思いやり」の心が育っているということなのである。「たかがスリッパ、されどスリッパ」なのである。

このように始業式や終業式はゼロからのスタートではなく、それまでの成果や課題の確認の上に立って、さらに上の段階を意識させるものにしたい。

（2）当たり前のことを当たり前にできる良き気風の醸成

「けじめのある子どもにしたい」「思いやりのある子どもにしたい」など、めざす子ども像を描き、学校・学級づくりに取り組んでいる。しかし、それ自体は絵に描いた餅にすぎない。子ども像を描いたなら、その良き行為を日常活動の中で、できるだけ多く見つけなければいけない。子どもの具体的な姿で見つけ、その都度価値付けていかなければならない。例えば、給食の時間に友だちと歓談しながら食べている。だが、話をするために教師や上級生が前に立つと、「さっ」と切り換え、静かに話に集中できるようにしたい。その際に、教師は「ここに立つとすぐに話をやめて、こちらに集中できる南小の皆さんは素晴らしい」「さすが、南っ子」「これが受け継いできた南小の良き気風ですね」などとほめ言葉を忘れないようにする。その繰り返しの中で、次第に全体が「けじめ」を意識できるようになり、話に集中する姿が育っていく。

❹ 教師と子どもたちで「学校文化」を創る！

このように、子どもたちの日常の姿の中には育てたい子ども像に迫る良き行為が見え隠れしている。教師の側も同様に、意図的計画的なすぐれた実践が見られる。授業の中だけではない。私たちは、そのような良き行為やすぐれた実践を見逃すことなく、意味付けたり価値付けたりして一つひとつの点を意味ある線としてつなげ、面として広げることにより、個の成長を促すとともに、学級・学校全体の良き気風をみんなで創ってきた。それは、普段の授業においては「共に学びを創る」授業づくりの中で「学びのつながり」として位置づいている。その「学びのつながり」は、「単元あるいは本時における内容のつながり」「子ども同士の関係のつながり」「教師と子どもが双方向に働きかける学びのつながり」を意味している。このような「学びのつながり」が、最終的には、一人ひとりの自己有用感をはぐくみ、個の成長を促し、「自立への教育」に迫るものと考える。「学校文化」とは、教師と子どもたちで「共に学びを創り、築いていくもの」なのだろう。

1 教師と子どものつながり

少人数のユニット制でつなぐ学校づくり

西宮市立高須中学校

10月の給食の時間、1年生のあるクラスでは、約20名の生徒たちが準備に着手している。その間、教師が指示をしたり、声を上げて呼びかけたりすることもない。生徒達は素早く全員分の配膳を済ませると、仲良く食べ始めた。教室には和やかなおしゃべりの声でいっぱいになる。

続く掃除の時間、手を動かさずおしゃべりをしている男子生徒がいる。しかし、教師はあえて何もいわない。しばらくすると、女子生徒がつかつかと近

西宮市立高須中学校

市内にある20校のうち、第19番目の公立中学校として、昭和61年に産声をあげた。西宮市の南部に位置し、生徒はほぼ全員武庫川団地に住んでいる。生徒数約220人。

平成26年度より、特色である「ユニット学級制」に取り組む。ユニットという少人数のメリットを活かし、主として「基本的な生活習慣」の確立と「確かな学力」の育成を目指しており、今後、より主体的な学習や活動が出来るように研究を推進していく予定。

寄っていき、一言注意をする。男子生徒たち自身も、悪いという意識はあったのだろう、すぐに素直に掃除を再開した。持ち回りの掃除箇所を、熱心に箒で掃いていく。

この20名は、後述する「ユニット」という集団で、本校の学校生活の基礎単位である。少ない人数のため、全員に役割が分担されており、さぼる生徒はだれもいない。4月には男子同士・女子同士でばかり話し、男女での交流がほとんど見られなかったが、半年も過ぎると、そういった壁はほとんど感じられない。

このような自律的な生徒達の姿は、数年前に「ユニット制」を取り入れる前には見られなかったものであり、学校全体を通しての大きな変化である。

❶ユニット制とは

「ユニット制」とは大阪府寝屋川市立第四中学校（以下寝屋川四中）において取り組まれたユニット制であり、本校はそれをモデルとして取り組んできた。まずその概略をここに示したい。

ユニット制の中核となるのは、20人という生徒のまとまり＝ユニット、である。

周知の通り、通常、クラスは40人以内という指針で編成される。しかしユニット制では、生徒全体を20人ずつのユニットにわける。それぞれに担任を配置し、基本的には学級と同じように扱って授業や各活動を行う。本校の場合、一学年約80名をA・B・C・Dの4つのユニットに分けている。たとえば、朝学活・終学活・道徳・学活・総合・給食・掃除のような活動は、ユニットで行っている。生徒達は、基本的にはこのユニットに所属していることになり、生徒自身もそのように意識することになる。数学や英語などで少人数授業を行う場合も、ユニット毎に行うことができる。

他方、通常の一斉授業については、2つのユニット合同で1つの教室を使い、授業を行うこともできる。この場合、一般的に見られる授業と、規模としては同じである。どのユニットを合同とするか、様々な判断があるが、本校では学期毎にユニットの組み合わせを変えていくという方法をとっている。

学校全体の行事、例えば合唱コンクールでは、必要な規模によって、ユニットの組み合わせや数を柔軟に変えられることも魅力的である。その他、例えば家庭訪問や懇談、保護者会等についても、このユニットをもとに設定していくことができる。

❷ユニット制の導入

(1) なぜ「ユニット制」なのか

本校がユニット制を導入するに至ったきっかけは、生徒指導上の問題からであった。これまで、どの学年においても大小の生徒指導上の問題は起きていたし、それまでにも「しんどい学年」はあったが、28期生（平成25年4月入学、平成28年3月卒業）は入学当時から明らかにこれまでの学年とは様相が違っていた。1年生当初から授業が成立しないという、学校としては致命的な状況に陥ったのである。

当然、学校では対策を、各学年を中心に可能な限り取っていった。空き教師が授業に入る（出来るだけ複数の教員で対応するため）、保護者会を開いて協力を求める、学校体制での校内の見回りなどである。さらに学校全体の問題として荒れの現状やその原因について話し合いをもった。その結果、次のような原因が挙げられた。

・生徒たちの問題行動には、触法するものは少なく、甘えの裏返しのような行為が多い。母子・父子家庭が多いことから愛情不足。「かまってほしい」という気持ちが根本にある。
・生徒たちが大人に対して不信感をもっている。一対一では指導にならない。「学校なんて」「大人なんて」という冷めた空気をもっている。穏やかな生徒も冷めている。小学校時代の子ども同士、教師との関係がいびつである。
・学校の指導に対する保護者のクレームが多く、信頼関係を結ぶことができていない。
・落ち着いた状態で授業が成立しないので、「話が聞けない」「学習への意欲が低い」「学力が低い」という負のスパイラル。

これらを整理し、取り組むべき課題を3つに絞り込んだ。

a　生徒の心の課題：学校に対する信頼や安心感が不足している
b　生徒同士の人間関係の問題：対等ではなく、力によるいびつな関係になっている
c　学力の課題：学習への達成感を得た経験が少なく、学習への意欲が乏しい

この状況を改善するための手段として、学校内外で検討を重ね、ユニット制を知るに至った。そこで、教員を寝屋川四中へ派遣し視察を行い、ユニット学級制に詳しい先生を何人か招聘し、当校で研修会を行うなどし、議論を重ねた。

その結果、28期生の荒れの状態を何とか改善していくために、ユニット制による少人数学級を取り入れ担任レベルでの負担を減らし、学年全体で対応していくことが望ましいと考えるに至った。

（2）ユニット制の特徴

ユニット制の特徴として、生徒理解と適切な支援があげられる。

40人学級の中では、授業や学級活動の中で、どうしても教師の目が行き届かない部分が出てきてしまう。その結果、サインを発している生徒の把握が不十分になってしまいがちであった。しかし、20人学級であれば、一人ひとりにきめ細かく関わることが可能になる。このことの意義は大きい。

また同時に、生徒の側の意識も変わる。人数が多い中の一人ということであれば、「だれかがやってくれるだろう」「自分は見ているだけでいい」と、人任せとなる意識が生じがちで、集団も各生

徒もどことなく従属的になりがちだ。しかし少人数だと、議論一つとっても、発言がしやすいということもあるが、黙っていることができなくなる。主体的に物事に参加しやすくなるため、生徒のクラスへの所属感が増し、集団としても活性化することになる。

また、教師同士でチームを組む、貴重な機会ともなる。学校によっては、個人プレーが多くなりがちで、他の教師がどのような指導技術を持っているか、またどのように子どもたちと向き合っているか、わからないこともある。後述のように、本校の場合原則的にベテラン教師と若手教師を組み合わせるようにした。このため、若手教師がユニット制を通して、ベテラン教師のスキルを見とり、刺激を受けるといった教員研修的な意義も大きい。

このように、学校の現状・課題と、ユニット制の特徴を見比べ、次のような結論に至った。

課題aに対し：多くの満たされていない生徒に丁寧に向き合っていくためには、現状の1学級40名では不可能。人数を減らすことで一人ひとりに目を配りやすくきめ細やかな対応が可能になる。

課題bに対し：力関係に支配される人間関係から発生する生徒指導上の問題を、予防あるいは見抜くためには、少人数のほうがよい。

課題cに対し：落ち着いて授業が成立しない現状をまず改善するためにも、人数を減らした上での授業が望ましい。授業が行われ生徒が話を聞き、学習ができる環境を整えることで、学習の実感や意欲へとつなげることが期待できる。

これらのねらいにむけて、ユニット制の導入を全校挙げて行うことになった。

（3）ユニット制導入への課題

しかし、20人の編成というユニット制への移行は、学校にとって大変大きな変革である。そのため、いくつかの障壁をクリアする必要があった。

①教室および机の問題（机・椅子は朝学活、数学、英語などはユニット学級制で授業を受けているので20脚を使用する。しかし、理科や社会などの授業は、合同で授業を受けるので40脚必要になる。20名×4つのユニットに対し、合同で授業を行う教室を2つ確保しておくため、結果として40脚分多く机・椅子が必要になってしまう）

②給食の問題（2学級を4学級に分けられるのか、器材の問題など）

③出席簿、パソコン上の校務システムの問題

④新入生・保護者への周知（事前に学校説明会を行い、理解を得た）

①~③のいわばハード面に関しては、管理職が奔走し、市教委、他校からの協力・応援を求めた。また、教職員によるユニット実行委員会を立ち上げ、準備を行い、なんとか新学期、踏み切るめどがたった。

（4）導入直後の困難

いざユニット制を取り入れるとなった際、どの学年で導入するか、検討が必要だった。教員の人

数を考えると、2学年で実施することができるかどうか、というところだ。しかし、教員数がどうなるか、また加配教員がどの程度配属されるか、特別支援学級が何クラス設置されるかは、新年度の直前にならないと確定しない。このため、初年度となる平成26年度は、無理を承知の上、1年・2年の2つの学年でユニット制を導入することとした。このときの2年生が、先述の「第28期生」である。

初めて導入する我々にも不安があったが、ふたを開けてみると成功であった。少人数で互いに役割を意識し、責任をもとうとする姿勢は、学年全体として大変良い影響をあたえたようであった。結果的に28期生は、日に日に落ち着いて授業に集中するようになってきた。また、体育大会や合唱コンクールなどの行事にも前向きに取り組めるようになってきた。

翌27年度は、学年で一学級が減ったことにより、教員数が2名減となった。このことから、導入を1学年とする事になった。どの学年で実施するかについては、結論が一致せず、最後まで意見が分かれたものの、「小学校・中学校の連結部分を丁寧に見ていく」という目的のもと、第30期の1年生が選ばれることとなった。

3年生となった28期生についても、引き続きユニット制を継続したいという意見は根強かったが、制度の制約上、できるだけ1年間の流れを活かし、少人数授業を可能な限り実施することで対応した。その際、前年のユニット制での1年間の経験が活かされ、28期生たちの「しんどさ」をかなり解消できたということは大きいと言える。

❸ユニット制導入がもたらしたもの

(1) 成果、そして「中だるみ」の反動

平成28年5月現在、ユニット制を始めて3年目になる。そして、これまでの実践で、高須中学校の教職員が実感していることが3つある。

1つ目は、ユニット制による少人数編成が、生徒全員に目が行き届きやすくなることで、より丁寧な指導につながることである。この良さは、29期生(平成26年入学)、30期生(平成27年入学)、31期生(平成28年入学)の全ての学年で見られた。

2つ目は、ユニット制が「基本的な生活習慣」の確立、「確かな学力」の育成につながることである。前述の28期生が、通常の40人学級編成で「しんどい」状態であった1年生の頃に比べ、ユニット制を導入した2年生時にはこの2点で明確な向上が見られた。

ただし、ユニット制をその後も継続していく上で、職員で共通理解していることは、中1ギャップ解消のため小学校から中学校への連結部分を手厚くすることであった。したがって、ユニット制は、初年度の平成26年度は、特例として2年生を含め、1・2年生の2学年で実施したが、ユニット制の実践が始まって2年目となる平成27年度は、1年生のみで実施した。

そこで、ある「事件」が起きた。これが、高須中学校の教職員が実感した、3つ目となる。1年間を終えると、1、3年生は結果的に色々な面で良かったのが、29期生である2年生が「あまり良くなかった」という事実である。特に顕著だったのは、学習態度の乱れである。これは予想外の「事件」であった。

この2年生は3年生(28期生)と異なり、入学してきたときは生活態度も落ち着いた学年であった。入学時、ユニット制の実践が始まって1年目は4クラス編成、そして2年生になって1組、2組の2クラスになった。この「4クラスから2クラスに戻す」という判断が、結果的に学習や生活習慣の乱れという「反動」を引き起こしてしまったのかもしれない。中学2年という一般的に「中だるみ」が起こる時期ということもあり、「中だるみ」が予想以上に大きく助長されてしまうことになったのだろう。

(2)「中だるみ」への対応:変則ユニット制

そこで、平成27年度の年度末反省会において、職員全員で検討を重ねた。

生徒を手厚く見ていくには、各学年でユニット制を実施するのが一番良いのはわかっている。しかし、それでは担任の人数が多くなりすぎてしまい、副担任がほとんどいないという事態になる可能性もある。実際、ユニット制を実施した1年目はこの形で実施したが、副担任が少ないことが反省点として残った。

最終的に出た結論は、「平成28年度、1年生は4クラスのユニット制、2年生は3クラスの変則ユニット制」であった。1ユニットあたりの人数をやや増やし、3クラスにしたのである。

執筆時点では、導入から1ヶ月ほどしか経過しておらず、結果を検証する段階ではない。しかし、高須中学校として、「今、とてもうまくいっている」と言える。したがって、今年度取り組んでいるユニット制の形が学校運営上「最高の形」になる可能性が高いと考えている。

（3）ユニット制はアクティブ・ラーニングに最適

学校運営上「最高の形」になるポイントとして、「確かな学力」を身につけさせることが出来ることが挙げられる。ユニット制には、もちろんその期待もかかっている。

「確かな学力」を身につけさせるには、生徒に「基礎的・基本的な知識・技能」を確実に習得させ、これらを活用して課題を解決するために必要な「思考力・判断力・表現力」を育むとともに、「主体的に学習に取り組む態度」を育成していく必要がある。

特に、「思考力・判断力・表現力」や「主体的に学習に取り組む態度」は、教員による一方的な講義形式の授業では身につきにくく、アクティブ・ラーニング（学習者の能動的な参加を取り入れた授業）によって身につきやすい。具体的には、問題解決学習・体験学習・班単位の討論・ディベート等である。

これらはもちろん通常のクラス人数でも実施可能であるが、生徒数が少人数になることにより、一層能動的（アクティブ）に参加できる機会が多くなることが期待できる。実際少人数になると主体的な学び、対話的な学び、深い学びの過程が実現しやすくなる。本校は今後もユニット制を継続し、基本的な生活習慣の確立とともに、より主体的な学習や活動が出来るように研究を継続していく予定である。

2 子ども同士のつながり

つながりを育てる集団づくり

松原市立布忍小学校

❶「つながり」は「あそび」で育つ

朝、8時10分。「おはようございます！」と元気な声を響かせ、大急ぎで子どもたちが校門を通過する。始業は8時半なのだが、だいたい8時10分になると、どの学年でも朝のあそびが始まるので、遅れをとるまいと急いでいるのだ。運動場では、すでにほとんどの児童があそんでいる。ドッジボール、おにごっこ…、あそびの種類は様々である。運動場も学年ご

松原市立布忍小学校

大阪府南河内地域に位置し、創立1874年の中規模校。在籍児童は394名で、年々少しずつ減少傾向にある。

布忍小学校が属する松原第三中学校区は、中央小学校を含む一中学校二小学校で構成されており、小小交流、小中交流は充実している。中学校区としての協働研究や研究発表会などにも、複数回取り組んでおり、平成27年度からは、校区においてインターナショナル・セーフスクールの国際認証を目指して、取り組んでいる。

とにあそぶ場所が決まっている。

子どもたちだけではなく、学級担任や少人数担当の教師、支援学級の教師など、たくさんの教師が朝のあそびに入っている。おにごっこの「おに」になって子どもをおいかけている教師もいれば、ドッジボールの審判をしている教師もいる。そうしながら、教師は、あそびに入りきれない児童がいないかどうか、さりげなく目を配っている。

ふと見ると、Aという1年生の女子がボールをとったところだ。1年生の今日の「朝あそび」メニューはドッジボールなのだ。にこにこ笑いながら、友達にボールをパスしている。Aは今日とても早く来て、コートを書くことも手伝っていた。そういえば、この頃、毎日朝が早い。入学したての頃は、学校の手前でぐずぐずしてなかなか学校に入れなかった。最近はちょっとぐらい風邪をひいていても、朝早くから、本当に楽しそうに遊んでいる。

子どもの姿は、「あそび」のなかで変わっていく。

布忍小学校では、学校づくりの根幹として「集団づくり」を大切にしている。そして、一連の集団づくりの重要な一場面として「あそび」がある。飾らない一人ひとりの姿や子どもたちの「つながり」が、ストレートに見えるからである。また、子どもたちが仲間と一緒であることを楽しいと実感できるのも「あそび」の場面である。教師としては、何よりも子どもたちの素のままの実態が、「あそび」を通じてわかる。「あそび」をつうじて集団の実態を把握するのである。そしてまた、子どもの側からいえば、理屈ぬきに、あそびが大好きなのだ。

布忍小学校の1日は、まずは、始業前の「朝あそび」から始まる。さらに、2時間目と3時間目の間の20分休憩のあそび、給食後の昼あそび、「さようなら」をした後の放課後あそびなどが、布忍小学校の主なあそびの時間として位置付けられている。

布忍小学校の児童の「つながり」はそんな「あそび」のなかで育っていくのだ。

❷ 子どもの「よさ」に依拠する集団づくり

「つながり」から「つなげる」へ

本来「あそび」のなかで見えてくるような子どもどうしの「つながり」は、日常の自然発生的なものである。そのことを踏まえながらも、集団づくりは、子どもたちを「つなげる」実践である。しかし、そもそも子どもたちを無理につなげようとしても、つながるものではない。気の合う友達と、近所の友達と、いっしょにいたいと思う友達と、子どもたちはつながっていく。ただ自然発生的な「つながり」には、その時点でのそれぞれの「価値観」が見え隠れする。「やさしいから好き」「いっしょにいると楽しい」…「ほしかったカードをくれた」「たたいてくるからあそびたくない」「すぐおこるから、言いたいことがいえない」「ラインでゲームしたらたのしい」……

子どもたちを取り巻く世の中は課題に満ちている。社会には他者を切り捨てたり、他人を貶めて満足するような考えも蔓延している。個々の児童の家庭内にも、複雑な人間関係や経済面での課題などが存在している。子どもたちは、社会の空気を吸い、よいものも悪いものも取り込んで、一定の価値観を持って、集団の中で登場してくる。それが、児童の集団の素の実態である。

個々の個性に基づく人と人との「つながり」に、流行りのカードなどの「もの」のやり取りやたとえちょっとしたことでも「暴力」などが介在したとき、その「つながり」は歪む。歪んでくると矛盾が生じる。矛盾は、一部の児童にとっての不利益や痛みとなって表出する。対等であるはずの子どもたちの関係に、力関係のかたよりが生じる。

布忍小学校の「集団づくり」は、そんな実態を、客観的にとことん見つめることからはじまる。


1年生の2学期、あそびのなかでの勝手な行動がだんだん目立ちはじめました。……学級会の場。うまくなりたいのにボールが回ってこないと泣きながら話す子がいました。上手にあそびができないことを同じチームの子から責められた時のいやな気持を訴えた子もいました。理不尽にたたかれたり、けられたりして腹がたったこと、「でん」をついたのに相手が鬼にならずにまた逃げ去っていったときの怒り。できごとそれぞれの気持ちが次々に語られる中で、次第に一番勝手な行動をしていた子どもたちのすがたがうかびあがってきました。でもその子どもたちも、決してそのような痛みを他の子どもたちに与えると意識して行動したわけではないのです。(『私たちがめざす集団づくり』解放出版社、2002年)

「集団づくり」の究極の目的は、子どもたちの自然な「つながり」がヒューマニズムに満ちた温かい「つながり」になることである。また、そんなぬくもりのある「つながり」を経験した児童が、大人になっても他者を尊重し、人と人との「つながり」のなかで生きていくこと、自分からそのような「つながり」をつくっていける人間として育ちゆくことである。たとえ、どのような困難な状況にあっても、仲間を支え、また支えられながら、それを乗り越える「つながり」を生み出す力をもった人として育ちゆくことである。

「集団づくり」は世の中に蔓延する歪んだ価値観とのたたかいでもある。

子どもの「よさ」に依拠する

子どもたちは一人ひとりかけがえのない個性を持っている。その個性が「よさ」として、集団のなかで見えやすい児童もいれば、なかなか見えてこない児童もいる。後者の児童は、「困った子」「乱暴な子」というようなマイナスのレッテルを貼られやすく、場合によっては避けられ、嫌われることもある。そのことによって、ますます、その児童の「よさ」が見えにくくなるという悪循環となる。それが高じれば高じるほど、指導は困難になる。

布忍小学校には、さまざまな課題のある児童が在籍している。就援率は3割を超えており、経済的に厳しい環境に置かれている児童も多い。それ以外にも家庭内の人間関係など、厳しい家庭環境で育つ児童がいる。また、何らかの個別の支援が必要な児童も多く、全体として自尊感情が低い。

人間に対する不信感を抱いている子、人との関わり方がわからない子、自分に自信がなく絶えず自分がどう見られているか気になる子、本当は友達を求めているのに友達から敬遠されるような行動を敢えてとってしまう子…。どの子どもも人とのつながりを求めているにもかかわらず、近づいて来ようとする者を敬遠し、人の心を試し、せっかくできかけたつながりを断ち切り、傷つく前に傷つけようとする。そしてそのことによって、自分自身もさらに深く傷ついてしまう…。

私たちの前には、そういったその子の「よさ」がなかなか見えづらい児童がたくさん登場してくる。しかし、そのような「よさ」が表に現れにくい児童にこそ、珠玉のようなやさしさや人間らしい魅力が隠れていることが多い。だからこそ、私たちは「子どもの『よさ』に依拠する集団づくり」を大切にしている。

「よさ」に依拠する集団づくりの焦点となるのは、まさにそういう「よさ」が表に現れにくい児童である。隠れているその児童の「よさ」を見出すためには、集団のなかで人を傷つけたり、勝手な行動をしたりという現れをしてしまう児童に対し、その児童が何故そのような行動をしてしまうのかということを探るとともに、そんな現れをする児童のなかに眠っている人間性を信じ、揺り起こさねばならない。

したがって、児童の「よさ」に依拠した指導とは、表面だけを見て心にもないほめ言葉を言ったり、間違った言動に対して叱りもせずに見過ごすことではない。

本気で子どもと向き合い、表面からは見えないその子固有の本質を捉え、嘘のない言葉で間髪をいれず、その子どもに伝えることが大切である。そして、「よさ」を見抜くということは、その子が自分の「よさ」を表現できない状況に置かれて来た事実とその背景をも併せて理解しようと努めることでもある。

なかなかその子の「よさ」が見えにくい子どもについても、隠れた人間性、奥深いところにあるその子の資質を信じ、小さなことであっても、その「よさ」が垣間見えた一瞬を宝物のように大切にし、集団のなかに引き出し、位置づけ、その児童を含む集団の人間観や価値観をも転換しようとする試みが、「よさ」に依拠する集団づくりである。

こころを開き、思いを重ねる

実際に子どもたちを「つなげる」とき、大切にしていることは、個々の児童が自分の思いを開示すること、そして、その思いを周囲の児童が受け止め、理解し、それにこたえることである。具体的な場面としては、学級会、「帰りの会」などの日常的な話し合いの場面があげられるが、もう一つ重要な場面として、人権学習の場面がある。

布忍小学校の人権学習は集団づくりとつないだ学習として位置づけられている。その柱となるのが、生き方・共生学習として位置付けている「ぬのしょう、タウン・ワークス」である。タウン・ワークスでは、人と出会い、生き方にふれることをとおして、人権感覚を高めることにつながるような「価値」や「態度」をはぐくむ。

私たちは、この「ぬのしょう、タウン・ワークス」を集団づくりの山場とし、集団の質を高めるチャンスととらえている。学習のなかでは、低学年から高学年へと、学びを深めるカリキュラムが設定されている。(別表参照)仲間から地域へ、家族へ、そして自分自身の生き方へと視点を変えながら、子どもたちは学ぶ。

その随所で、子どもたちは、人間のすばらしさと出会い、その出会いに感動する。そして、その感動を起点に、もう一度自分を見つめ、自分を開いて、仲間と向き合う。

「語る会」は、多くの場合、その山場に位置付けられる。重要なことは、自分と素直に向き合い、自分の思いを友達に伝えることである。そして、周りの子どもたちは、それにこたえて、また自分の言葉で語る。そこで、子どもたちは自分が一人でないことを知る。思いを重ねることで、共感が生まれ、友達に対する見方が深まっていく。

ここで、「よさ」が見えづらい児童の、人間性ややさしさ、思いがけない素顔の魅力が見えることは多く、だからこそ、集団づくりの山場として位置付けているのである。

❸ 教職員の集団づくり

集団づくりを進めていくとき、向き合っている教職員自身も、自分の価値観を問われる。時には、人生観や生き方をも問われることがある。集団づくりにマニュアルはない。経験を積んだからといって必ずしもうまくいくとは限らない。集団づくりは常に価値観とのたたかいであり、数々の困難を伴う。しかし、子どもたちの「つながり」がよいものになっていったとき、特にその質的転換の瞬間には、教師冥利につきるよろこびを味わう。苦労の日々が百日続いても、一瞬の場面でその苦労が消え去り、大きな喜びで満たされる。だが、そこに至るまでの道のりは、ひとりではなかなか背負いきれないことも多い。

だから、布忍小学校では、児童の集団づくりと同様に、「教職員集団づくり」を大切にする。初任者でも講師でも、児童の前では「先生」である。プロとして目の前の集団に向き合い、指導せねばならない。もちろん、そのためには研修も大切なので、校内研修は数多く行っている。しかし、大切なことは、教職員もお互いの「よさ」に依拠し、お互いに信頼で結ばれていることである。教職員集団の基軸は、本校のよりよい教育をめざすことであり、出発点は、今ある児童の実態である。教職員間の仲がいいことは重要だが、それが、児童の実態、目の前の児童の教育を柱にしたものでなければ単なる「なかよし集団」となり、本当に学校を支える教職員集団にはなり得ない。また、地道な努力を積み重ね、こつこつ子どもと向き合っている教師に光をあてることもなくなってしまう。

組織的な、同一の方針に基づく教職員のチームワーク、個人と個人の「つながり」を超えて支え合う教職員集団こそが布忍小学校の教育を土台から支えることができる。

私は、最初は、「自分一人でやらなければ」と自分に拘ってしまっていましたが、それでは子どもに通用しませんでした。学年会で相談をして、とにかく子どもの思いを聞くことを実践したことから、子どもたちも変わってきました。自分に拘るのではなく、子どもたちに拘るということの大切さを、子どもや教職員の方々から教えてもらいました。子どもがゆれているときには、私も一緒にゆれてしまうことがあります。でも、子どもたちのそのゆれの裏にあるものを知った時、私自身が、本当にその子どもをいとおしく思い、子どものことを信じて接することができるようになっていきました。……今でも、子どもの出し方に悩んだり、そのことで自分自身がゆれたりすることはあります。けれども、そんな私と一緒に悩んでくれたり、時には本気で怒ってくれたりする教職員と共に働けていることが、私の誇りです。（担任・27歳）

日々の悩みを一人で抱え込むのではなく、日々の指導を軸として、教職員どうしが、お互いに信じあい、迫り合うことができる教職員集団があってこそ、子どもたちの集団づくりは在る。「つながり」こそが「つながり」を育てられるからである。

2 子ども同士のつながり

生徒のつながりのある授業づくり

広島市立観音中学校

広島市立観音中学校

広島市の一番西側のデルタに位置し、東西を川に挟まれた南北に細長い地域を校区にもつ。校区内に西区役所をはじめ区の主要な公共施設があり、西側から広島市の中心部へと入る要所に位置している。現在全校生徒641名。夜間学級も併設されている。「未来へ!!つながる学び観中学区」のスローガンのもと、小中連携や授業づくり、集団づくり、生徒会を中心とした縦割り学級群での活動に力を入れている。

❶「わからん!」がはじまり

四人が頭を寄せて、予想問題のプリントに向かい合う。班内で、教え合いが始まった。仲間の「ここ、わからん」に応え、「どこまでわかる、言ってみて。」と問い返す。その答えを聞いて、解き方の説明を始める。他のメンバーも一緒に聴いている。教えてほしいと助けを求めた生徒が、疑問に思ったことを問い返し、またそれに答える。別の仲間が、自分の言葉に置き換えて表現することもある。根気よく続く問答。「わかった！　こういうことよね？」その瞬間に笑顔がこぼれる。教えた子も、教え合い学習に参加した全員が笑顔になる。定期テスト前の学習の取組の光景である。

互いを尊重することのできる学級が「みんなで学習しよう」という意識をもったとき、頼り・頼られる関係の中で、学習意欲は喚起され、学習に対しても協働で取り組むことができる。また、自分一人では解決することができない学習内容も、仲間や教師に支えられ、助け合って問題の解決にいたることができれば、習得することができ、学力は向上する。問題の解決に共に取り組んだ仲間は認め合う大切な存在となる。この学習の過程を生徒の「つながり」という観点で見ると、つながりのある生徒の中で学習は成立し、その学習が新たな生徒のつながりを生むことになる。

本校は「生徒のつながりのある授業を実践することが学力向上につながる」という仮説のもと、教え合い学習から始めて、ゆっくりと、しかし着実に取組の輪を広げてきた。仲間のよさや多様性を感得させながら学習集団をつくりあげ、学力を伸ばすにはどうすればよいのか。「つながり」をキーワードに、編み出し、取組んできた実践をここに紹介する。

図１　プリントで学び合う生徒たち

❷ 生徒のつながりのある授業づくり

（1） 協働的な学習は四人班で

集団づくり

新しい学級集団になって、まず取り組むのは、学習規律の確立と支持的な風土をつくること。「わからないことをわからないと言える」学級集団でなければ、協働的には学べない。年度当初は、生徒だけでなく教師集団も新しくなる。授業にかかわる全教師が統一した指導ができるよう、教師の共通認識も必要である。教室環境の整備、時間を守る、授業でのあいさつ、人の話を聞くことはもちろん、授業の雰囲気を壊すような発言も見逃さず、「わからない」と言える環境をつくる。「わからない」という発言をひろっていくことで授業を深め、生徒の学びを繋いでいくことを心がける。

生活集団と学習集団

本校では、生活集団と学習集団を一体化し、授業だけでなく生活も同じ四人班で活動する。四人班には次のような良さがあるからだ。

・全員が参加できる　・意見や考えをまとめやすい　・学級のリーダー数が増える

・自分以外が三人だけなので、状況をつかみやすく、かかわりやすい
・自分の意見や考えを言う機会が多く、自分の言葉で伝える力がつく

班編制は、リーダー指導の場でもある。次の班で取り組む目標を決めて班長を募集し、意欲と責任感があり、信頼される班長を代議員会と学年教師が協議の上で選出する。学年全クラス同時に班長会を開き、新しい班のメンバーを決定する。学習も清掃活動や仕事も班を中心に行うので、班編制は重要であり、班長がかかわりの中心的な役割を担う。

生徒の学力を保障するには、一日の大半を費やす授業が大切にされなければならない。授業担任は「授業評価」を通してどのような授業をつくるのかを生徒に示す。学級活動の時間を利用して日々自分達の授業をふり返り、成果は共に喜び合い、課題については改善策を立てて取り組む。その中心となるのはやはり班長会である。「生徒をお客さんにせず、生徒の力を借りて取り組む」という視点が、生徒の自主性を育むためにも重要である。

（2）「教え合い学習」で学習の作法を習得

定期テスト前には、どの学年も「教え合い学習」の時間を設ける。全学年、班に学習リーダーをおき、教え合い学習を行う。ねらいは、単にわかる生徒にわからない生徒を教えさせることではなく、その中で学習リーダーを育て、生徒同士のつながりを深めることにある。「教え合い」を「学び合い」

の前段階と位置付け、勉強のわからない生徒が「どうせやっても…」という投げやりな態度を脱し、「やればできる」「やってみよう」と、学習に参加しようとする意欲を喚起することを目指す。一年生は、入学後すぐに一班四人を基本単位とした「学び方」を研修する。班で協力して課題解決に取り組むよう仕組み、協働で学ぶ本校の学びの型と人とつながる楽しさ、心地よさをここで体験させる。

学習リーダーの構成は、学年や生徒の成長の度合いによって異なる。班長がそのまま教え合いのリーダー役を務める時期もある。学習内容が高度に抽象的なる二年生の後半からは、班長とは別に各班に学習リーダーをおく。学習リーダーになるのは概してまじめで大人しい生徒が多く、周囲から頼りにされることで自信をつける。勉強の苦手な生徒は、わからないことを恥ずかしいと思うことなく、仲間から丁寧に教えてもらえる。この取組は学級の人間関係を改善し、生徒の自尊感情を育むことにもつながっていく。

図２　「教え合い学習」の時間

教え合い学習はリーダー会でその都度目標を設定し、生徒主体で行う。「教え合い」の鍵は、「わからない」の一言である。そこから始まる「どうして?」「それはね」「一緒にやろう」「ありがとう」という言葉の連鎖が、学級に支持的風土を創り出し、共に学ぼうとする信頼関係を築いていく。学習リーダーはふり返りの中で成果を交流し、教え合いをより活発にするための改善策を立てる。生徒が考案した改善策の中には、頑張った人（教え上手・教わり上手）に拍手を送る等もある。学習リーダーの活動は、生徒の学習に対する意識を高める役割も果たす。

学習リーダーが定着すると、学習リーダー会を定期的に開いて学習面の取組を進めることもできる。例えば、テスト前居残りをして教室で提出物を完成させる等は、その一例である。一人では頑張れないが仲間と一緒なら頑張れる、観中生の「つながり」を生かした取組である。

（3）なぜ「つながり」か

子ども達の学力低下と家庭の教育力の低下は全国的な問題になっている。その背景に家庭の経済格差があることも指摘されているが、観音中学校区の状況も例外ではない。学校に寄せられる相談からは、経済的にも精神的にもゆとりがなくストレスを抱えた親の姿が浮かび上がってくる。単親家庭の割合も高い。幼い頃から親と十分なコミュニケーションがもてず、基本的生活習慣が身についていない子どもも少なくない。こうした家庭の教育力の弱さが学力不振に繋がっている。家庭学習の不足から基礎学力が定着せず、学年が上がるにつれて「学び」から逃げ出す生徒は増えてくる。だからこそ、学校で学び続け、生きる力をつけさせることが重要な課題となる。

本校生徒の特徴として、学級で団結して挑む行事が大好きだということが挙げられる。これは経済的・家庭的に恵まれない生徒が少なくない中にあって、思いやり励まし合う仲間を求めている姿と見なすことができる。相手の気持ちを感じ取ることに長けていることも特徴の一つだ。しかし、一方では言葉によるコミュニケーションが苦手で、乱暴な言葉遣いになりやすい生徒が多く、人間関係づくりがうまいとは言えない。そうした中で、人とつながることの良さや心地よさを知り、それを志向する集団の性格は、学習の中にも十分に生かすことができると考えた。すなわち「生徒のつながりのある授業づくり」を進めていくことによって、本校生徒の学力を向上させ、進路を保障することになると考えたのである。教え合い学習からスタートして、授業の中で「学び合い」のできる生徒集団を育てたい。さらに、観音中学校の生徒実態に合った「学び合い」の形を創りあげていきたいと考えた。現在の様々な取組は、そこから始まっている。

(4) 学力の底上げ

基礎的な学力が不足すると生徒は学びから逃げがちである。「やればわかる」という意識や「やりきった」という自信を持たせ、学びから逃げない姿勢を育てるために、学力の底上げを図ることも欠かせない。

低学力の生徒に対しては、基礎学力定着のための補充を行う。定期テストの試験週間の放課後、教師が作成したプリントを用いて、学年の教員でテスト対策学習会を行う。教師の数には限りがあるため、対象の生徒の数も絞らざるを得ないが、回を重ねるごとに自分に教えてくれる友人を連れて学習会に参加したり、対象外の多くの生徒が自主的に残って学習したりするようになった。

学習習慣が身についていない生徒は、課題の提出がおぼつかない。課題の提出は進路保障のための欠かせない要素であるから、テストや長期休暇の前後には、提出が滞る生徒には声をかけて居残りをさせ、課題を出し切らせるために指導や学習支援を行う。

また、家庭学習の習慣化のためには、五教科を対象に毎日ノート一ページの自主学習の取り組みを行っている。習慣づけを図り、ノートのまとめ方や学習方法を指導するために、期間を決めて自主学習ノートを提出させ、学年の全教員で丁寧にコメントやアドバイスを記入し、四段階の評価シールを貼って返す。これによって学力が中~上位の生徒の、学力の引き上げにつながる。ノートの作り方や学習の仕方等、互いに参考にすると良い物は、掲示し紹介するなどして意欲の向上も目指す。

(5) 授業改善~「生徒のつながりのある授業」に向けて~

「生徒のつながりのある授業」とはどんな授業か。「つながること」は学習のねらいに迫るための手段である。「つながりのある授業」の中でつなぎたいのは、まず生徒同士。生徒を教材と、既習事項と、生活経験ともつなぐ。こうした授業の積み重ねから、問題解決の過程や概念を創り出していくための「学び方」を学ばせたい。また、本校生徒の課題であるコミュニケーション能力をつけ、語彙の量を増やし、思考力を高め、伝える力を育てたい。

授業のねらいと学習課題との関連の中で、つながりのある授業づくりを実践するために、観音中学校区の授業スタイルを昨年度作成した。ペアや四人班での活動を取り入れた協働的な学習を中心に据え、一時間の授業の中で生徒が学ぶ具体的な姿とそれを支援する授業者の手立てを、「学習の進め方」として整理・視覚化し、これに基づいて授業を行っている。

教師の授業力の向上は、生徒の学力向上に即直結する。それ故授業研修会を行い、授業改善にも取り組んでいる。年間三回岡山大学の佐藤曉教授を講師に招き、子どもに学びをもたらす授業をどのように創ればよいか継続的に研修している。生徒の具体的な学ぶ姿を見取り、研修会で協議する。協議の視点は「ねらいは的確だったか」「ねらいを達成させるための手立ては適切だったか」「生徒は自他の考えを伝え合い、聴きあうことができていたか」「ねらいに沿った学習ができていたか」の四点。ねらいと学習課題の善し悪しは授業に大きく影響する。学ぶ価値のある課題を生徒にどう提示し、どう発問し、どこでペア・班学習を入れ、生徒の発言をつなぎ・もどすのか、生徒の姿から学ぶのである。手立てがうまくいったかどうかは、生徒の姿でわかるのだから。

❸ 学びをつなぐ

一斉授業についていくことが難しく、手立てを施さなければ学習から逃げ出してしまう生徒も、自らそれを望んでいるわけではない。声をかけてくれる仲間がいて、「教えて」という声に真剣に応え、できたときに一緒に喜んでくれる仲間がいれば「学び」から逃げ出す必要はなくなる。取組の成果は、「卒業生　別れの言葉」として結実した。

「『学び』とは、決して勉強することだけではない。みんなで一人を支え合うこと。そして支えてもらっていることに感謝することだ。私たちの学年にはとても強い「絆」がある。これこそが何気ない普段の学校生活の『学び』で得たものだ。その中で勉強から逃げることなく、信頼できる仲間達と行事に熱中し、充実した学校生活を送ることができた。この『学び』は人生の中で、つらいことから目を背けず生きていくための大切な道標となる。」

どの学年の卒業生も「仲間がいたから頑張れた」「仲間を大切にしてください」と後輩たちに向けて語る。学びを通してつながった生徒達は互いに必要とされる人間関係をつくり出し、多様なかたちで集団の中に位置づく。仲間から認められ褒められる経験こそが、厳しい家庭環境を背負い認められる経験が少なく自尊感情の低い観中の生徒が難しい学習に立ち向かっていく勇気を生む原動力になっていくのだ。

かつて、広島県基礎・基本学力状況調査で広島市の最底辺に在り続けた本校は、四人班での教え合い学習をはじめとする「学び」への挑戦によって変化を遂げた。今では授業改善のための校内授業研修会の前には、若手教師を中心に模擬授業が行われるようになり、新たに協力体制ができてきた。この流れを止めることなく、学校全体で「生徒のつながりのある授業づくり」を推し進めたい。

しかし、つながりのある授業に欠かせない協働的な学びについては、意識的に取り入れることができるようになってきたとはいえ、その支援のあり方や用いる場面、時間にまだまだ工夫が必要である。また、生徒に主体的な学習を行わせるためには、教師がしゃべりすぎず生徒の発言で成り立つような授業を構成する必要がある。さらに、教師はもっと褒め上手になり、学習のみならず生徒同士のかかわりも評価し、価値づける力をつけなければならない。

「授業づくり」＝「学校づくり」である。学んだ生徒が育ち、それに携わった喜びが教師の次なるモチベーションとなるような実践を積み上げていきたい。良い取組は継続し、さらに良い取組を生み出せる、しなやかさと人権感覚を備えた教師集団でありたい。

2 子ども同士のつながり

九年間のつながりの中で育む自尊感情

信濃町立信濃小中学校

❶ 施設一体型の校舎の中で

「先生、○○さんを連れてきました」。泣きぐずる一年生の手を引いて教室を訪れる九年生。本校では、毎年四月になるとこんな光景が見られる。休み時間、九年生の教室にいって存分に遊んでもらっているうちに、離れがたくなった一年生。そんな一年生をあやし、なだめて担任の先生の待つ教室に送り届ける九年生。「ねらい」や「手だて」を意識することのない、日常の生活の中に、小中

信濃町立信濃小中学校

長野県北部、新潟県境に位置し、全校児童生徒 562 名。

平成 24 年 4 月に、5 小学校 1 中学校を統合して、長野県初の校舎一体型の小中一貫教育校として開校した。

斑尾山、黒姫山、飯縄山、野尻湖などに囲まれ、初等部（1 ～ 4 年）では豊かな自然をフィールドにした体験的な学習を、高等部（5 ～ 9 年）では教科担任制による児童生徒の興味関心に寄り添った学習を進めている。

一貫校の子どもたちの育ちの場がふんだんにある。

❷「憧れ」と「誇り」を育む運動会

開校一年目、五月末の土曜日、全校運動会が開催された。中学校の職員にとって、学校行事としての運動会は初めての経験である。運動会という行事が、中学生にとって教育的な意味があるのかも議論された。この時期の土曜日、部活動の練習試合や大会があったり、近隣の高校で体験入学が行われたり、九年生の参加が心配された。第一回の開校記念運動会ということで、部活動では練習試合や大会参加は自粛することにした。体験入学への参加は本人と家庭の意思を尊重することにしたが、体験入学参加者も午前中の体験入学が終わると、「九年生の全員リレーには参加したいから」と運動会に間に合うように大急ぎで帰ってきてくれた。

運動会での七、八、九年生の出場種目は、全校種目の大玉送りと学年種目の二種目。運動会のための特別な練習は行わないことを前提とした。

九年生全員が紅白二チームに分かれて走る全員リレー。初等部（一～四年生）の座席の前を駆け抜けると、「速い！」「すごい！」という大歓声がわき起こる。体が重い生徒、走ることに苦手意識を持っている生徒も、手を抜けない。抜きつ抜かれつの大接戦となった。「九年生ってすごい」「大きくなったら、九年生のように走りたい」、九年生の本気の姿が、下級生の「憧れ」となっていく。そして、下級生からの「憧れ」のまなざしが、九年生の「誇り」を育んでいく。

運動会の開会式では、全校で「ぼくらは輝く　太陽だから」と『運動会の歌』が歌われる。本校の九年生は、一年生以上に大きな口を開けて、絶叫するように歌う。中学生にとっては、幼稚っぽくて、本気で歌うには気恥ずかしい曲である。なぜ、九年生が『運動会の歌』をこんなにも本気で歌えるのか。五月の連休が終わると、九年生は毎朝一年生の教室に行って応援のしかたや『運動会の歌』を指導する。この時期の一年生は、担任の先生でも集中させるのに苦労する。そんな一年生相手に、手取り足取り応援の仕方を伝え、自分で見本を示しながら『運動会の歌』を教えていく。だんだんに歌詞を覚え、元気に歌えるようになってくる。指導の成果が実感できるのだ。日を重ねていくと、教室に入っていくだけで、大喜びで群がってきてくれる。中学校では、まずできない体験である。こうして迎えた運動会。手を抜いて歌うことなど、できるはずはない。

本校では、運動会に向けて、形を整えるための練習はほとんどしない。全校で集まるのは一時間だけ。開閉会式の立ち位置の確認をして、一回だけ準備運動のためのラジオ体操をする。あとは、全校種目の「大玉送り」の隊形を確認して、大玉送りのゲームを楽しむ。開閉会式の隊形も、お世辞にもきちんと並んでいるとは言い難い。それでも、運動会当日は、九年生の指示に従って、低学年の子もそれなりに並ぶことができる。開閉会式での話も、ちゃんと聞いている。

通常、小学校の運動会では、プログラムの中に応援が位置づけられている。本校では、プログラムに位置づけられた応援の時間以外にも、自然発生的に応援が始まる。そして、その応援がプログラムが進むにつれて盛り上がっていく。とりたてて、練習をしなくても、九年生の応援がどんどん下級生に広がっていくのである。

今年度の運動会、大玉送りで予想に反して白チームが二連敗してしまった。大将を務めた九年生のY君が、本部席にやってきて「少し時間をください」と言う。Y君は、白チーム三百人の前に立って、「みんな頑張ってやってくれたのに、負けちゃってごめん。残りの種目、全力で頑張ろう」と話していた。

他校の運動会に比べたら、整っていないところが多々あるかもしれない。形を整えるための練習はあえてしない。状況を見ながら、九年生が中心となって進めてくれる。まとめてくれる。それが、信濃小中学校の運動会である。

開校の年、運動会を土曜日に実施した。できるだけたくさんの保護者や地域の方に運動会を観ていただきたいという思いからである。小中一貫校の運動会を観ていただいた保護者の方からは、「子どもたちの出番が少なくなって寂しい」「運動会は小学生だけでいいのではないか」というご意見もいただいた。でも、運動会を迎えるまでの子どもたちの取り組みや運動会での子どもたちの姿から、中学生にとって、とりわけ九年生にとって、運動会が大きな育ちの場であるという手応えを得た。また、九年生の姿は、五、六年生にとっても、また職員にとっても、「練習を重ね、きちんとしたものを発表する」運動会から、「自分たちで工夫し、みんなで創り上げる」運動会へと、運動会に対する意識を大きく変えるものとなった。

開校二年目からは、平日実施に変更した。土曜日開催は、どうしても部活動の大会や高校の体験学習の影響を受ける。学校行事は、何よりも子どもたちの育ちに繋がるものでありたい。運動会での具体的な育ちの姿を保護者や地域に発信していくことで、信濃小中学校の運動会に託す思いの理解を広げながら、運動会の平日開催を続けている。

❸ 一年生の反応が九年生を育てる

本校において、異学年交流が意図的に行われる最も大きな場が、秋桜祭（文化祭）である。秋桜祭に向けて、一年生から九年生までの縦割グループが組織され、様々な活動に取り組む。本校では、秋桜祭を学校生活を見返し、より向上させる機会としてとらえて、初等部も具体的に関われるような取り組みが設定される。今年度は、「挨拶」、「合唱」、「清掃」、「資源物回収」、「集団づくりのための大縄跳び」の五項目について具体目標が設定され、九年生を中心に全校に呼びかけ取り組んできた。たとえば「挨拶」。九年生が朝の挨拶運動を始めると、初等部の学級でもそれをモデルに、さらに工夫を凝らした挨拶運動が展開されていく。当番を決めて各教室を回って挨拶を広げる学級、手作りのたすきをかけて挨拶当番をする学級等々。開校当時は、九年生に世話してもらいながら活動してきた初等部の子どもたちも、九年生をモデルにしながら自分たちで工夫を凝らした活動を展開するようになってきている。

開校一年目、秋桜祭に取り組むにあたって、生徒会役員から直訴があった。「どうして、小学生と一緒に秋桜祭をしなければいけないのか。」「小学生がいることによって、いろいろな制約が生まれ、これまでのような秋桜祭が創れない。」と言うのである。もっともな主張である。一時間ほど、彼らの話を聞きながら、「確かに去年までと同じ秋桜祭はできないかもしれない。小学生と中学生が一緒に楽しめる秋桜祭を創ることは大変なことだ。でも、皆さんは、誰もしていないことに挑戦できるチャンスを得た。大変かもしれないけれど、新しい秋桜祭の形を創ってほしい」と納得してもらった。

秋桜祭では、目標達成に向けての取り組みを妨害するような悪役のキャラクターが登場する。全校集会やお昼の放送で、様々な難題を全校に投げかける。登場を重ねるたびに、低学年の子どもたちの人気が高まっていく。開祭式の時、体育館の後ろから悪役キャラクターが登場すると、一、二年生は総立ちとなり取り囲んでしまう。開祭式の流れがストップしてしまうのだが、この反応が九年生には嬉しいようである。中学校の文化祭でも随所で生徒の盛り上がりはあるが、それは予定調和的な側面が色濃くある。ところが、一、二年生は感じたままに反応する。楽しければ大喜び、つまらなければ集中してくれない。一、二年生の反応は、秋桜祭へのストレートな評価となる。一、二年生の反応の手応えが、次への工夫の原動力となっていく。二年目から、「小学生がいることによって…」といった不満は一切聞こえてこなくなった。

全校行事を計画するとき、必然的に「一年生はわかるのか」「一年生に楽しんでもらえるのか」という視点を持つこととなる。この「一年生に…」という相手意識が、高等部が育つ大きな要素となっていると考える。

秋桜祭の準備を進めていく中に、毎年、全校の児童生徒による制作活動が用意される。今年度は、秋桜祭のテーマ「扉」にあわせて、玄関前にステンドグラスの扉ができあがった。この扉は、高等部と初等部の異学年ペアで作った三百数十枚のステンドグラスでできあがっている。高等部の子が、初等部の子の考えたデザインを生かしながら、二人で一枚のステンドグラスを作っていく。

高等部一人一人が、全員「教える」「支える」立場になる。教室では、どうしても「教えられる」「支えられる」立場になりがちな生徒も、ここでは小さな下級生を補助しながら作品を仕上げていくのである。「頼られる私」「慕われる私」を体験することによって、当然のことながら自尊感情が高まっていく。

❹「ケアリング」と「ヒーリング」で育まれる自尊感情

本校では、三月になると、初等部の「九年生ありがとうの会」と高等部の「九年生を送る会」が計画される。初等部の「九年生ありがとうの会」は、毎年二年生が中心となって進行している。お世話になった九年生に対する感謝の意を示すために金メダルがプレゼントされる。四年生が厚紙を円形に切り取り、三年生が金紙を貼る。二年生がメッセージを書き、一年生が九年生一人一人の首にかける。お金のかかっていない手作りのプレゼント。でも、一年生から首にかけてもらって、涙ぐむ九年生もいる。一年生に優しく声をかけている九年生。金メダルをかけてもらった九年生は何とも誇らしげである。

二年生の寸劇。九年生の創り上げた一年間を、本当によく見ている。運動会や秋桜祭、日常生活でのエピソードを上手に盛り込んでいる。そんな寸劇を大笑いしながら見ている九年生の目には、涙が光っている。高等部の「九年生を送る会」では見ることのできない光景である。

「ありがとうの会」を終えて、初等部全員がアーチを作って九年生を送り出す。三百余名で作るアーチ。何とも長く、でも低く小さいアーチを、腰をかがめ、四つんばいになって抜けていく。初等部の子ども

たちに見送られ会場を出て行くときの何とも誇らしげな表情は、小中一貫校で育つ「九年生」だからこそのものである。「九年生」と「中学三年生」とは、決して同じではない。むしろ、異なる存在と言える。小中一貫校で育つ子どもたちを見ていると強く感じる。

❺ 小中一貫教育を進めてきて見えてきたこと

信濃小中学校は、施設一体型の小中一貫校としてスタートして四年目を終える。小学生と中学生が一つの校舎で生活し、様々な活動を一緒に創り上げることを通すことの一番のよさは、生活の中で「ケアリング」と「ヒーリング」の関係が自然と生まれることにあると考える。九年生にとって、一年生は宇宙人のような存在である。常に、「一年生がわかるように……」「一年生に楽しんでもらえるように……」と考えることが、知らず知らずのうちに相手意識を醸成している。

逆に、低学年の存在によって「ヒーリング」されていることも少なくない。中学では、部活動などで先輩ー後輩という関係が強調される。十三歳から十五歳という比較的狭い年齢間の中では、学年差以外に「先輩」であることの実態が希薄になる。中一の方が、体が大きかったり、運動ができたり、学力が高かったりする場合がいくらでもある。そのために、「中三であらねばならない」ということが、ストレスを感じたり、トラブルを引き起こしたりする要因になっているように思える。

思うようにいかずにぐずっている一年生に、優しい言葉をかけることによってにこっとしてくれる。自然と「ケアリング」が生まれ、実はそのことによって「ヒーリング」される。これが施設一体型小中一貫校の一番の教育効果であると考える。

小中一貫校では、特に本校のような施設一体型の小中一貫校では、確かに中一ギャップは起こりにくい。学校生活の連続性、人間関係の連続性により、中学進学にともなう変化のストレスがないからである。でも、小中一貫校でも、中一ギャップがゼロになることはない。現在の義務教育の抱えるより本質的な問題が、不適応という形で顕在化する。

中学になると定期テストという方法によって、数値で評価される。もちろんテストだけが評価の対象ではないが、子どもたちにとってこれが大きなストレスとなっていることは否定できない。大多数の生徒はそのストレスを乗り越えていくのだが、数値で評価されることで自尊感情を失っていく生徒もいる。学力の優劣ではなく、数値で評価されることそのこと自体に対してのストレスといえよう。本校では、「ケアリング」「ヒーリング」の中で、自尊感情を育む場があるが、それだけでは本質的な解決にはならないということが、不適応という現象が示している。

これは、本校だけで解決できる問題ではなく、これからの我が国の教育のありようの中で考えていかなければならない大きな問題であろう。

2 子ども同士のつながり

子ども同士のつながりを育む協同学習の実践

久留米市立南筑高等学校

❶ 土台としての人権・同和教育

本校は、2010年度より、学校として大きな改革を行った。その柱である「人権・同和教育の再構築」をめざして、まず年5回の人権・部落問題学習（人権の授業）の改革に着手した。それまでは毎年、各学年それぞれの人権・同和教育担当者が、既存の学習指導案を加筆修正し、その完成型をもとに、各担任が各々の力量で授業を行うスタイルであった。本校に赴任した職員は、当初は、そのスタイルに何の違和感も持たなかったが、いざ授業者となると、疑問

久留米市立南筑高等学校

福岡県久留米市の東部に位置し、全校生徒699名の普通科高校。背後には、「筑後国一ノ宮高良大社」を有する高良山を望む。

「人権・同和教育を土台に据えた協同学習」で注目され、「生徒が主体的に育つ環境作り」を実践している。

や悩みを周りの先生方に打ち明けることが出来ず、不安に思うことも多かった。「教師なら、人権のことは知っていて当然」という職場の雰囲気であったため、どの先生方も、独自の人権感覚やこれまでの知識で授業にあたっていた。また、人権・同和教育担当者は「勉強させるために」という名目で若い世代が担うことが多かった。不安が不安を生み、それを誰にも打ち明けることが出来ない。職員の中には、そういう気持ちのまま、人権・部落問題学習に臨んでいた者もいた。このように本校では、職員自身の人権感覚の不足や、職員間の同僚性の希薄さが課題となっていた。

本校において「人権・同和教育」を再構築していくにあたり、まず、「人権」を「一人ひとりが幸せに生きる権利」と捉え、生徒だけではなく、職員や事務職員等、本校に関わる全ての人について人権が保障される学校をめざすこととした。そのために、様々なマイノリティ（差別される側）にスポットを当て、そこから見えるさまざまな人権問題・同和問題の課題や解決策を学校全体で考えていくことを本校における人権・同和教育の目標とした。この目標を達成するために、年5回の人権・部落問題学習だけでなく、全教科・全領域において、人権・同和教育を基盤とした取り組みを行うこととなった。後者については「協同学習」の取り組みとして後述する。

年5回の人権・部落問題学習について、まず改革の1つとして取り組んだのは、「世代間の交流を生み出す場」としての「学習指導案検討委員会」の立ち上げであった。この委員会の目的は、学年団と人権・同和教育を担当する教員が一堂に会し、1つの指導案を作っていくことにある(図1)。この委員会のメリットは次の3点に集約できる。

①ただ単に指導案を読むだけでは伝わらないことを全体の場で発信でき、各先生方が、指導案のねらいや意図、授業の細かな流れ、指導案を作成した者の思いなどを共有できる。

②委員会の中での世代を超えた発言が、職員の「学び」を深め、不安の解消や人権感覚の高揚につながる。

③職員間に「同僚性」が育まれる。

この取り組みのほか、「職員と当事者の出会い」や「生徒と当事者の出会い」を始め、「フィールドワーク」や生徒会の発案で生まれた「生徒会人権推進委員会の活動」など、現在、本校では人権・同和教育を基盤としたさまざまな教育活動が行われている。次節では、人権・同和教育を基盤とした、子どもたち相互の「つながり」を育む協同学習の取り組みについて触れていこう。

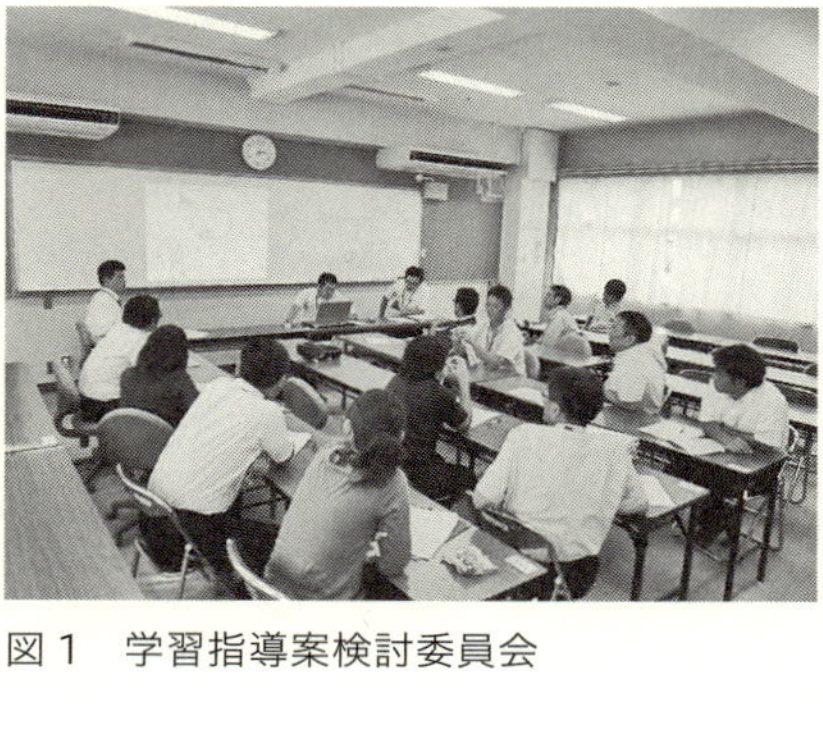

図１　学習指導案検討委員会

❷「協同学習」と「人権・同和教育」のつながり

改革のもう1つの柱は、全教科・全領域で行う「協同学習」である。「人権教育で育てたい資質・能力」は、文部科学省の「人権教育の指導方法等のあり方について［第三次とりまとめ］」によると、「知識的側面」「価値的・態度的側面」「技能的側面」の３つの側面に分けられる（表１）。

この３つの側面を見たとき、本校で取り組んでいる人権・同和教育は人権・部落問題学習に頼ってばかりで、その内容についても「知識的側面」の定着を主な目標としていた。そのため、残り２つの側面は不十分で、横断的な取り組みになっていないことが課題として見えてきた。そこで、人権・部落問題学習以外でも、この側面を身につけさせることができないかを考え始めたのである。

本校では、２００９年度以前より、「協同学習」を研究している数学科職員がおり、「人権・同和教育の再構築」の裏で「協同学習」についても、ある一定の職員の中で広がりを見せていた。ある時、この「協同学習」が「人権教育で育てたい資質・能力」の残り２つの側面をカバーするのではないかと気づいた。２０１１年のことである。中京大学の杉江修治先生によると「協同学習」とは、「子どもが『主体的で自律的な学びの構え』『確かで幅広い知的習得』『仲間と共に課

知識的側面	価値的・態度的側面	技能的側面
◯自由、責任、正義、平等、尊厳、権利、義務、相互依存性、連帯性等の概念への理解 ◯人権の発展、人権侵害等に関する歴史や現状に関する知識　等	◯人間の尊厳、自己価値及び他者の価値を感知する感覚 ◯自他の価値を尊重しようとする意欲や態度 ◯多様性に対する開かれた心と肯定的評価　等	◯他者の痛みや感情を共感的に受容できるための想像力や感受性 ◯能動的な傾聴、適切な自己表現等を可能とするコミュニケーション技能　等

表１　人権教育で育てたい資質・能力の３側面

題解決に向かうことのできる対人技能』さらには、『他者を尊重する民主的な態度』といった『学力』を効果的に身に付けていくための『基本的な考え方』」(「協同学習入門」より抜粋)としている。「学力」を「知識的側面」だけで捉えず、「価値的・態度的側面」「技能的側面」も入れた3側面で捉える考え方は、「人権・同和教育」に通じるものである。さらに、人権・部落問題学習だけでは不十分だった2側面を、普段の授業を通して育成できるということに私たちは感銘を受け、早速「協同学習」を全教科で取り入れるよう校長に働きかけた。そして、1年間の研修期間を経て、2013年度より全教科・全領域で「協同学習」を導入する運びとなった。

本校で行っている「協同学習」は、前述の通り、年5回の人権・部落問題学習だけでは不十分であった「価値的・態度的側面」「技能的側面」を、普段の授業を含めた全ての教育活動で育成するという目的で実施している。協同学習は、文部科学省が提唱している「アクティブ・ラーニング」の1つである。アクティブ・ラーニングとは、文部科学省の「用語集」によれば、「学修者の能動的な学修への参加を取り入れた教授・学習法の総称。学修者が能動的に学修することによって、認知的、倫理的、社会的能力、教養、知識、経験を含めた汎用的能力の育成を図る」となっている。協同学習においても、その目的は重なるところがあるが、本校の「協同学習」が「アクティブ・ラーニング」と一線を画すのは、本校の「協同学習」は、その土台に「人権・同和教育」を据えている点である。言わば、本校の「協同学習」で育てたい資質・能力の「+α」として、「アクティブ・ラーニング」によって育てたい能力が加わっているということである。

❸「協同学習」による職員間のつながり

全教科・全領域で「協同学習」に取り組むために、全職員が「協同学習」とは何なのかを共有する必要があった。まずは体験してもらうことが良いと思い、職員研修に「協同学習」の手法を取り入れた。具体的には、１つのテーマを決め、４人グループで意見交流を行うというスタイルである。１回の意見交流が10分程度。その後、メンバーを変えてさらに10分程度の意見交流をする。１回の研修の中で何度もグループメンバーを変えることでたくさんの職員が交流することを狙った。最初に行ったテーマは「めざす生徒像」であった。本校は、この「めざす生徒像」を職員で意見を出し合い、１つにまとめ完成させた（図２）。その後、校長がこの「めざす生徒像」をもとに、学校目標を定めた。このスタイルで職員研修を行うことで、世代を超えてたくさんの職員が交流することができるようになった。何よりも一番の成果は、普段、会議ではなかなか意見を言えない若い職員が自分の意見を堂々と言える場ができたことであろう。職員間の中に、自信の無い意見であっても取りあえず言ってみることや「わからない」と言えるよう

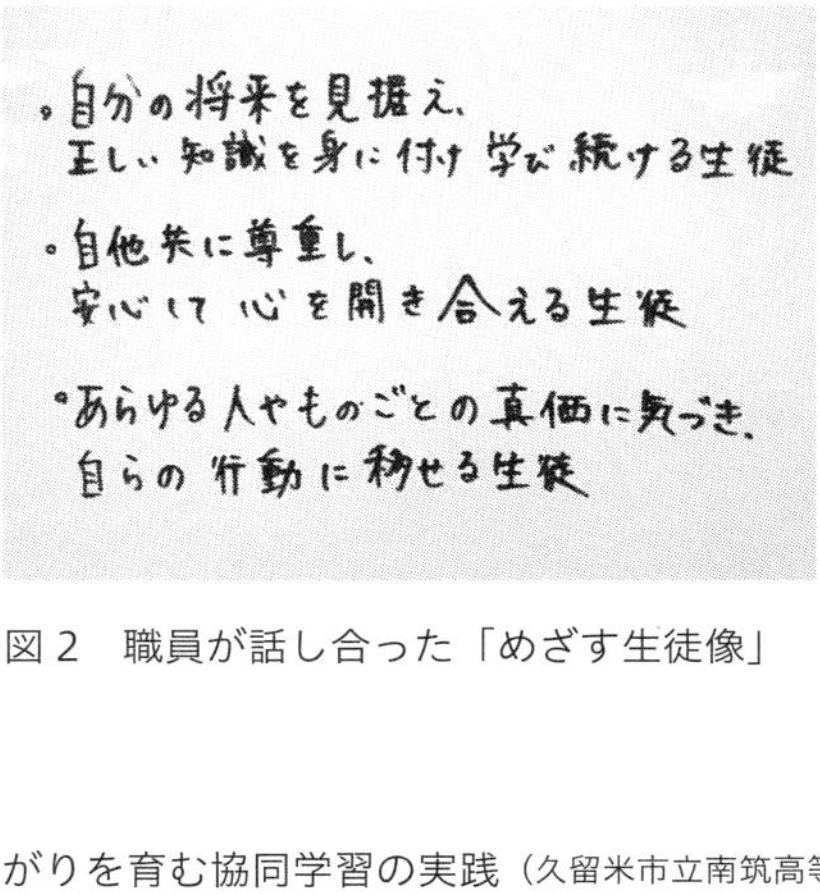
・自分の将来を見据え、正しい知識を身に付け学び続ける生徒
・自他共に尊重し、安心して心を開き合える生徒
・あらゆる人やものごとの真価に気づき、自らの行動に移せる生徒
図２　職員が話し合った「めざす生徒像」

な雰囲気が出来上がってきた。実践をする中で出てきた悩みや課題があると、その都度、このスタイルで職員同士が共有し、一緒に解決策を考えた。改革のキーワードである「同僚性の構築」に大いに役立ったと考えている。

次に取り組んだのは、公開授業とその整理会である。公開授業に関しては、「最低1回は自分の授業を公開」をスローガンに数多く行った。2012年度に35回、2013年度に74回、2014年度には55回である。その後、すべての公開授業で整理会を行った。この整理会が、我々職員の学びの場になったことは言うまでもない。授業整理会での協議の柱は、誰と誰がどんな話をしていたか、どこで集中し課題に取り組みだしたかなど、授業の中で起こった子ども達の活動を中心に意見交流をすることである。実名を挙げながら「前半はなかなか集中していなかったAさんが、後半の課題になるとぐっと課題に集中していた」「私の授業では、積極的な面が見られないB君だが、みんなをリードしている姿があった」という感じである。今までと違い、生徒の活動をもとに協議することで、授業者が気付いてなかったことや参観者の授業では見られない子どもの活躍など、子どもたちを違う視点から見ることができ、新たな一面を知ることができる。また、子ども達の人間関係を把握し、共有することができた。そのため、本校で一度、自分の授業を公開した職員は、また次も見てほしいと考えるようだ。「協同学習」に積極的な職員は、自分たちでお互いに授業を見せ合うこともあった。

❹「協同学習」による生徒同士のつながり

「今日の目標は問7を理解し、解けるようになることです。そのために、まず例題7を読み、理解しましょう。個人で3分、その後、ペアで5分です。では、始め」「この絵を見てください。これはどんな場面でしょう。では、班にして8分間考えましょう」これは、本校で行われている授業の一場面である。本校では授業のほとんどが生徒同士のつながりを意識した班やペアの形態で行われる。授業の最初に達成目標を具体的に提示し、どんな手順で何をするのか生徒に見通しを持たせることから始まる。その後、教師の説明は必要最低限に抑え、子ども同士のつながりを通して授業が展開し、質の高い学びが起きている。今では当たり前の教室の光景になっている。

導入当初は、試行錯誤の連続であった。先に述べたように数多くの職員研修や公開授業と並行して、生徒にどのようにアプローチをしていくかが一つの課題であった。「協同学習」を把握し実践するのは、本校に関係するすべての人でなければならない。その大部分を占めているのは、教職員ではなく子ども達だからだ。子ども一人ひとりが「協同学習」の理念、つまり、「自分自身が学ぶために努力すること」「他者（友達）が学ぶことに協力すること」を理解し、それは良いことだと実感したうえで、実践を続けていく必要がある。そのために、まず学年ごとに「協同学習」のオリエンテーションを行った。その後、各クラスに戻り、職員研修で行った要領で「各クラスの目標・

約束事」を自分たちの手で作りあげた。この目標は、全クラスの教室の前に掲示し、いつでも見られるようにした（図3）。また、下三行の約束事については、各クラスで話し合ったものを表記しており、各クラスで異なる約束事が書かれてある。子どもたちも自分たちで作った約束事であるため、みんなで守り、達成しようという気持ちが芽生えたようである。

普段の授業の中で、班やペアでの学習が増え、積極的に授業に参加する生徒も増えてきた。その一方、実践を続ける中でいろんな課題や職員の悩みが出てきた。様々な課題や悩みがある中、特に力を入れたのが、「一人の子を作らないためにどうするか？」である。

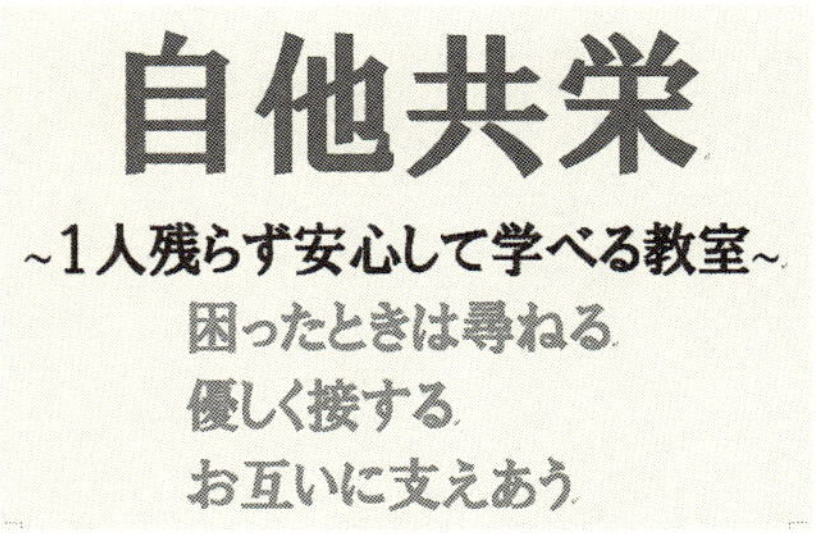

自他共栄
~1人残らず安心して学べる教室~
困ったときは尋ねる
優しく接する
お互いに支えあう

図3　各クラスの目標・約束事

班やペアでの活動をよく観察してみると、仲が良い者同士はよく交流するが、あまり話をしたことない者同士の班では全くと言っていいほど交流がない。また、もともと話すのが苦手な生徒は、わからないところを人に聞くことも出来ずにじっと考えているといった様子が見えてくる。先に述べたように本校の「協同学習」は、人権・同和教育が土台となっている。「価値的・態度的側面」「技能的側面」を授業の中で鍛え、育てることが目的である。誰と班を組んだとしても、課題を達成するために、協力し合い最大限の効果を出せるようになること、分からない時、困っている時には自分から声をあげ、助けを求めることができるコミュニケーション能力や人間関係を構築する力を育むためにやっている。この問題を解決する要は、教師が子どもたちをつなげる役割をするかどうかである。コミュニケーションが苦手な生徒を注意深く観察し、困っているようであればその場に行き、「どこがわからないの?」と声をかける。つまずいているところを聞き出し、それを教師が教えるのではなく他の生徒に「この部分がわからないみたいだから説明してくれる?」と説明を促す。生徒が「そこはね……」と説明が始まり、子ども同士がつながったのを確認してその場を離れる。これを地道に何度も繰り返すことで、コミュニケーションが苦手な子は自分から聞くことができるようになる。また、周りの子も「どこかわからないところある?」とその子を気に掛けるようになる。これはすぐにできることではない。時間が掛かる。ある程度すべての班でできるようになったとしても、班替えをすればまた、関係作りをしなければならない。そのため、教師が生徒同士の状況把握を正確に行い、何度も地道につなげる作業が必要である。この正確な状況把握に授業整理会が役に立った。特に同教科ではなく、そのクラスに実際に行っている他教科の先生方と状況を共有できたことは大きい。特定の授業だけでなく、すべての授業で同じ手立てが打てるからだ。他の生徒と交流する機会が多ければ多いほどコミュニケーション能力や人間関係を構築する力を身につけるのも早くなる。子ども達も実感しているようである。「協同学習」について聞いたアンケートの回答の中に次のようなものがあった。

・わからない時に、近くの人、同じ班の人に助けを求めることができるようになった。
・丁寧に教えることができるようになった。

・あまり話したことのない人とも話せるので良かったです。
・発表が怖くなくなった。
・団結力、仲間の大切さを知りました。
・仲が良くない人とでも話せるようになった。

本校では、生徒に対し、学校や社会のあるべき姿として「自他共栄」を掲げている。「一人ひとりが安心して学べる空間を作る」という目的のもと、職員と生徒が一体となって「自他共栄」の学校作りに励んでいる。この6年間、学校を挙げて「人権・同和教育」に取り組んできたことで、職員間に「つながり」が生まれ、人権・同和教育を土台とした「協同学習」を通して、子どもたち同士に「つながり」が生まれた。そして、職員と生徒が共通の目標をもって「共育」に向き合ったことで職員と生徒間に「つながり」が生まれた。まさに、教育の本来の目的を失わず、「人権・同和教育」を中核に据えた取り組みの賜物であると思っている。

ただ、当然のことながら、課題も山積している。職員間の同僚性は向上しつつあるものの、まだまだ道半ばと捉えている。また、人権・部落問題学習で最も大切にしている「教師が自らの差別性に向き合いながら自分自身を語る」場面では、本当に「差別される側」に立って語ることができているのか、問い続けなければならないと考えている。これからも、これらの課題に向き合いながら、厳しい立場におかれた子どもを中核に据え、その実態から出発した取り組みを通して、子ども同士のつながりを育む教育活動を日々実践していきたい。

3　教師同士のつながり

若手とベテラン教員のつながり

大阪狭山市立東小学校

❶中堅教員の減少と若手の急増

大阪ではどこの学校でも同じであるが、ここ5年の間に初任者が毎年2名または3名の配置があり、現在5年未満の教員が15名になる。年代別に50歳代8名40歳代8名30歳代10名20歳代13名となる。若手の急増により学年の教員構成が大変難しくなってきている。だからこそ、「チームで取り組む」ことが大切になってきて

大阪狭山市立東小学校

大阪府の南河内地域に位置し、全校児童は830名。学校のすぐそばには今年で築造1400年になる国の史跡「狭山池」があり、北条氏の陣屋跡にたてられた学校である。北条氏の家紋である三つ鱗（ミツウロコ）が校章になっている。

学校の周辺は、大阪狭山市駅や市役所、消防署等があり、中学校もすぐそばに隣接している。数年前までは、田や畑が広がり、のどかな田園地帯であったが、近年その田畑が住宅地に変わりつつあり、今では大阪狭山市で最も児童数の多い学校である。

いる。そこで、校務分掌のリーダーをベテランから中堅教員や若手教員へ移行するために、数年前より計画的に若手を配置して中堅・若手が責任を持って校務を行うようにした。また、指導面においても、学級担任だけが学級の子どもたちを見ていくのではなく、学年全体で学年全員の子どもを育てていくことを共通理解としている。そのためには、「報告・連絡・相談」は常に密に行うことが必要不可欠であることも確認している。

（1）学級開きがターニングポイント

4月、入学式が終わるやいなや、1年の始まりである始業式を前に、初任者や5年目未満の若手教員が図書室に集まり、学級開きについての学習会を行っている。講師を務めるのは、本校のベテラン教員や中堅の教員である。

どのようなクラスをつくりたいのか、子どもにとってわかりやすい授業とはどのようなもので、教員としてどう取り組んでいくべきか、等を学ぶことができる。また、生徒指導担当（中堅教員）からは、子どもたちに向けての学校のきまりや、スクールカウンセラーやスクールソーシャルワーカーとの連携についての研修会も実施している。

とにかく、新卒の教員は不安がいっぱいである。何から始めていいのかわからない中で、校内での、このような研修は大変役に立っているようである。

（2）朝のミニ学習

朝一番、職員室にテレビが運び込まれてくる。本校では、月に何度か「朝のミニ学習」を行っている。内容は、支援教育に関するものや情報教育に関するものが多い。

支援教育部からは、「今、知りたい内容」や支援方法の具体的なもの、情報教育部からは、昨年度より学級担任が一人一台使用しているICT機器（iPad）の使用アプリの説明や新しい操作方法等について、朝の短い時間を使って、全職員に周知している。その説明や資料の作成は中堅教員だが、五年未満の若手教員も先輩教員の指導を仰ぎながら、進んで説明や資料の作成に日々努力を惜しまずに取り組み、その力を向上させている。

❷ 若手を育てる

（1）がじゅまるカフェ

大阪狭山市教育委員会では、若手教員を育成する夜の学習会、名前が「㋐㋑㋒㋓㋔カフェ」を定期的に開催している。場所は学校持ち回り、参加は自由であるが、若手教員や講師たちが多数参加し、熱気がある。

がっこうのこと　じゅぎょうのこと　まるくなって　かたりあいましょう
がまんせず　じゅうな心で　まちがいOKの　るーきーたちの　カフェ

市内10校の若手教員たちが、名前のとおり自由な雰囲気で学び合っている。内容は、教員として身につけておくべきものの基本で、専門家のリードの下、ロールプレイをしたり、模擬授業をしたり、お菓子を食べながら談笑したり……。仲間としての意識が生まれ、本音で語れるようになってきている。夜に集まるのは厳しいけれど、参加したらそれだけ得する学習会と思えるものになっている。オブザーバー役は指導主事や管理職で、学び合う様子を見守る中で、普段見せない表情や行動に出会うことがあり、新鮮な気持ちにさせられる。

「普段は違う学校の先生や違う校種の先生方と話す機会がほとんどないので、このがじゅまるカフェに参加することで、たくさんの先生方と話す機会が増えました。自分の年齢と近い先生が多いので、気軽に話すことができました。また、ベテランの先生方もいらっしゃるので、苦労したことや面白い体験談などを聞くことができました。専門家の講義もあり、『学び続けなければいけない』と再確認する場にもなりました。その中で、『アイコンタクト』『表情』『声のトーン』という、言葉に頼らないノンバーバルコミュニケーションが大切だと感じました。実際に教室でも目や声、表情で子どもたちに語りかける場面を増やしています。授業の中でも声のトーンや表情を変えることで、授業に変化をもたせ子どもたちの学習意欲を高めています」（参加した若手教員の感想から）

（2）チームで育てる

本校には、教育相談システムというものがある。保護者の相談だけでなく教員の相談も取り上げて、チームで解決していくためのものである。

学級の雰囲気や子どもの様子がおかしいと感じたら、自分ひとりで悩んでいないで、まずは学年に相談する。学年で対応が困難な場合は管理職に報告の上、相談窓口とつながる。窓口は内容を確認し校内委員会で相談する。生徒指導面から、支援教育の面から、あるいは2つが連携して相談に当たる。

相談チームは、相談内容についてKJ法を用いて問題解決の方法を探っていく。具体的な方法が示されるので、若手教員は、ここで出された解決策を自分の学級で行うことにより、

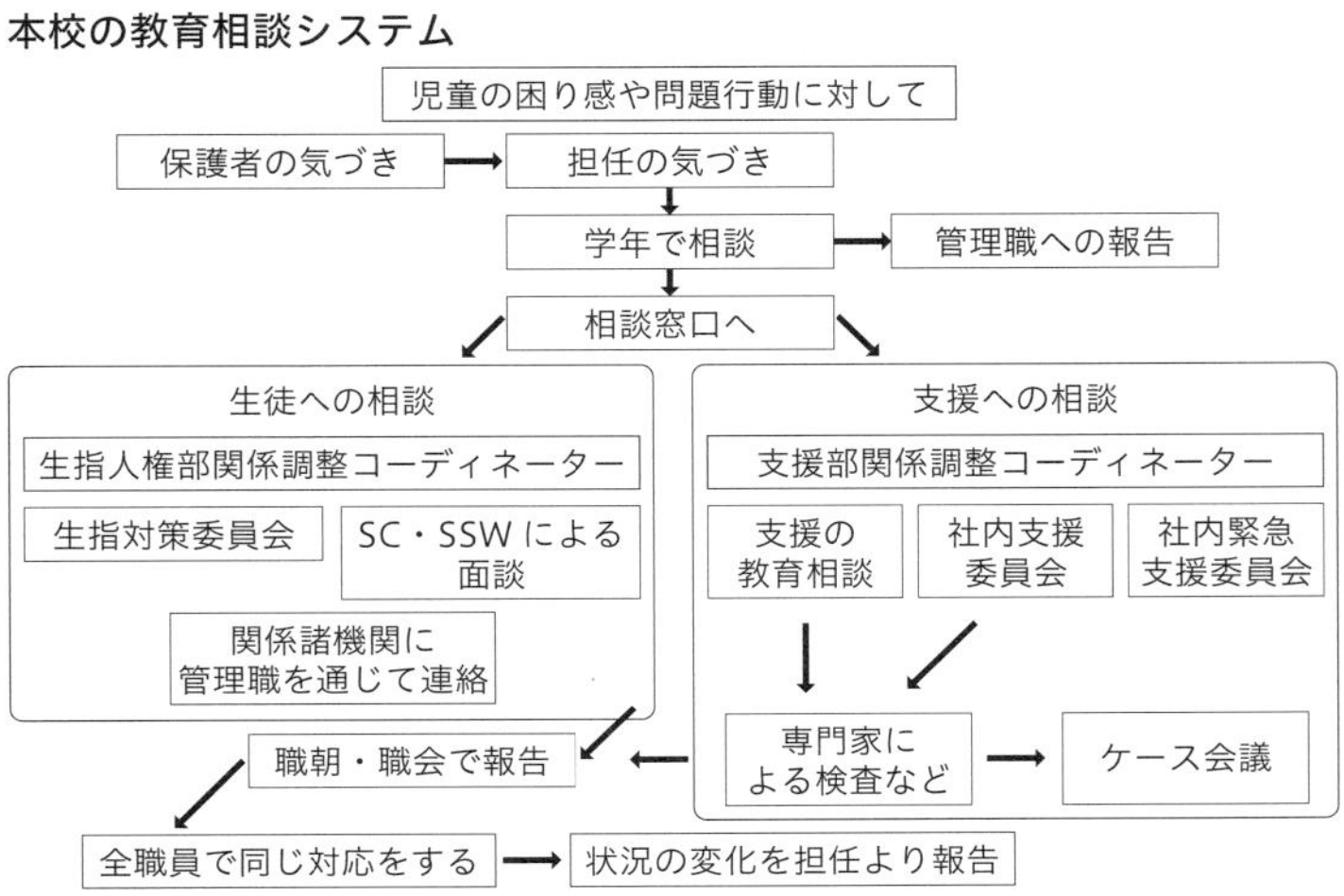

図1　本校の教育相談システム

学級の崩れを未然に防げる。また、相談内容は職員会議で報告し、全職員が情報を共有するため、みんなで若手を見守り育てることにつながっている。

❸みんなで取り組む基礎的環境整備（東小スタンダード）

基礎的環境整備として、学級環境、授業づくり、学級集団づくり、体づくりの大きく4つの取り組みを行っている。学年が変わっても子どもが戸惑わないよう学校全体で取り組みを揃えている。また、全体で揃えることで、若手教員にもわかりやすいものになっている。

（1）学級環境を整える

①すべての子どもが授業に集中できるように、黒板周りはすっきりさせ、窓にはすりガラスシートを貼る。その作業は、支援教育部が中心になって準備し、貼る作業を学年チームで行った。
②前日に、翌日の一日の予定をホワイトボードに記入しておく。授業の前には1時間の流れをホワイトボードに示し、視覚的にわかりやすくする。タイムタイマーも取り入れ、児童も教員も45分間を見通せるようにする。
③物の置き場を固定して、子どもたちが迷わず行動できるようにする。
④学年や学級のルールをわかりやすく提示して、常に確認・評価ができるようにする。

⑤当番や係の仕事も手順がわかりやすいよう提示する。

（2）授業を整える（学力向上）

①適切な言葉づかい、わかりやすい話し方の工夫をする。
②言葉だけでなく、視覚的な支援（ICT機器の活用・絵や図・カード等）を取り入れた授業をする。
③めま自友気みのカードを使用し、本時のポイントを明確に示す。
④板書を工夫する。（量・書く位置・色の配慮等）
⑤ペアやグループなどの話し合い活動を取り入れ、どの子も参加できる工夫をする。

（3）個別に整える（集団づくり、体力向上）

①縦割り班（なかよし班）活動で、自主性・主体性を持って、どの子も活発に活動できるようにサポートする。
②「静か清掃」の仕方を明確化する。
③学校のルールを提示し、確認・評価を行いながら定着させる。

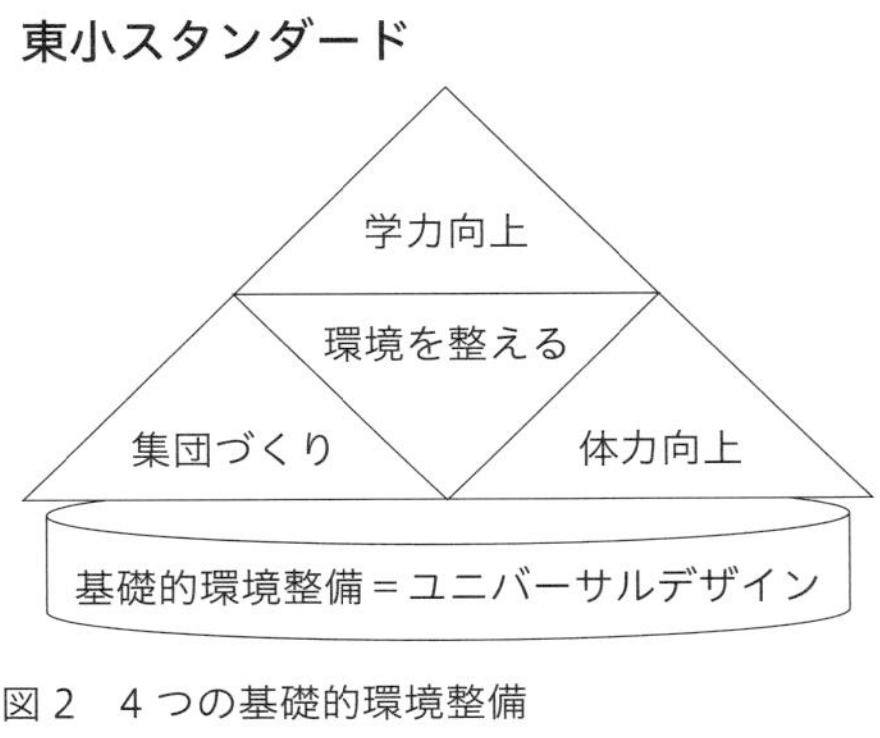

図２　４つの基礎的環境整備

④童個々の話を聞く機会を設け、安心して学校に来ることができるように、児童と一緒に考える。
⑤バランスのよい体づくりができるようにする。

以上が、東小スタンダードである。この項目を、（1）（2）（3）それぞれ項目を5つにしぼり、すべての教員が理解し意識的に取り組んでいるかを、月末に教員自身がチェックリストを用いて自己評価を行うようにしている。

チェックリストは4段階評価になっていて、それぞれの項目で具体的な基準が定まっているため、若い教員も自己評価がしやすくなっている。

みんなで取り組むことで、教員同士が聞き合える集団に育っていくとともに、子どもたちの学びの場が充実していくことを願っている。

❹大切にしていること

（1）「ＯＪＴ」で学び合う、つながる

ベテランや中堅教員が教えるだけでなく、若手教員からも学ぶことを大切にしている。ＩＣＴ機器の活用など、新しい方法をたくさん知っている若手に対して、授業づくりや学級経営、保護者対

応など、様々な経験をしているベテラン。お互いに学び合い教え合うことで、つながりが生まれ、教員間の連携が深まる。

授業づくり（教頭が講師となる研修）

・研究テーマとなる「言語活動を通した、主体性・思考力・表現力を育てる授業づくり」を、算数的活動を通して身に付けさせる方法について、グループワークを取り入れて行った。算数授業のユニバーサルデザイン、授業づくりの３つの観点「焦点化」「視覚化」「共有化」についても取り入れ、研修が深まった。

・道徳の教科化への動きについて、教員が共通認識を図る研修を実施した。

・読み物資料「だって、はやく見たいんやもん！」を使って道徳の模擬授業を行い、グループごとに中心発問を考えるワークをした。読み物教材を使った授業のポイントや、考えを深めるための手立てなどについての理解が深まった。

ICT機器の活用（若手が講師になる研修）

各クラスにｉＰａｄと大型テレビがある。子どもたちのノートを映したり、教材を提示したり、さまざまなアプリを活用したりして視覚的に支援している。

アプリの基本的な使い方や、アプリを使った教材づくり研修は、若手が担当している。準備から資料作成まで、若手が中心となって行うことで、組織の一員としての意識が高まり、生き生きと取り組む姿が印象的である。

（2）自主性を重んじる

校内での研究授業や市内・地区教育研究会での提案授業や研究発表等は、5年未満の若手教員が進んで行うことが多い。そのための助言やサポートをするのが、中堅・ベテランの教員、及び管理職である。若手のやる気をサポートし応援しながら、本人の自主性を活かした育成をしていきたい。

（3）何事もポジティブに

教員としての基礎的要素として必要な力は、「人権の尊重」「法令遵守」「情熱を持って学び続ける力」である（ＯＳＡＫＡ教職スタンダードより）。

人権意識、人権感覚を身につけて、子どもたち一人ひとりを大切にし、子どもと子どもをつなぐこと。社会人として、特に人を教え育む教育公務員としての自覚と責任意識を持つこと。そして、自らの行いを振り返る「省察力」を身につけて、常に自分と向き合い課題を見出し、自分自身の成長のために学び続けることが大切である。特に手本となる先輩教員から、どんどん学んでほしいと思う。

「若い時の苦労は買ってでもせよ」という諺がある。また、「失敗は成功のもと」という諺もあり、若いうちは、どんなことにもチャレンジし、苦しみも楽しみもたくさん味わうことが自分を大きくさせることにつながることに気付いてほしい。そして、失敗してもそれを糧として大きくなるポジティブさを身につけてほしい。
キーワードは、「何事もポジティブに、やる気を持って学び続ける」である。

3 教師同士のつながり

教職員のつながりがつくる一貫した6年間の学び

小樽市立稲穂小学校

❶ 教職員間の連携を生み出す

「校長室お借りします」と、分掌リーダーたちが校長室に入ってくる。応接セットにぐるりと座り、教頭の司会により学校運営委員会が始まった。

「りこう」チームのリーダーK教諭の、「自己評価シートで、年度の重点教育目標の具現化状況の把握が十分でないとの指摘がされている。これについては、現状はこうだからこういう姿がみられ

小樽市立稲穂小学校

小樽市の中心部に位置し、全校児童は470名。校区には小樽駅、市役所、警察署、小樽運河や北のウォール街と言われた昔の銀行の建物など歴史的建造物が数多くある。

校舎は社会教育施設と一体となった近代的な校舎で、教室はオープンスペースとなっている。

平成25年度に道教委の「学校力向上総合実践事業」の実践指定校となり、学習規律、生活規律など6年間のつながりを意識した共通実践に努め、学力向上等に成果をあげている。

るようにしたいなど、各分掌からの提案時に示すこと。また、評価にあたっては、その具現化状況がどうであったかを次のステップも含めて話し合うようにしたいというのが、りこうチームの考えである」という話に、皆が頷いている。「このことについては各チームで説明し、徹底するようにして欲しい」と、K教諭が念を押す。

続いて、「たっしゃ」チームリーダーのY教諭が、「体力・運動能力調査結果から、本校においては投げる力に課題がある。たっしゃチームで改善策について検討することになっていたが、体育館にバトミントンのシャトルを活用し投げる力をつけるコーナーを設けた。体育の時間の準備運動等において全学年で継続的に活用願いたい」と、話す。

「それはよいアイディアだと思う。少しでも投げるフォームが身に付くのではないか」と、他の委員から声があがる。

同僚による活発な意見のやりとりから、経営参画意識の高まりを感じる。

しかし、このように学校運営委員会が機能するまでに2年余りの時間を費やしている。

本校の分掌名は、学校の教育目標「りこうで　たっしゃで　ほがらかな　稲穂の子」に関連付け、「りこう」（教務）、「たっしゃ」（保体）、「ほがらか」（生徒指導・文化）、「まなび」（研究）、「ささえ」（庶務）、「よりそい」（通級指導）というチーム名になっている。

学校運営委員会は、各チームリーダーと、地域連携コーディネーター、初任者研修担当、教頭の9名で構成し、「連絡・調整・検討等」の役割を担っている。

協働体制を確立するためには、教職員の共通理解を図った意思形成、即ち実践化に向けての「判断」を明確にすることが大切になる。

しかし、理念があってもシステムが機能しなければ学校は動かない。当初、学校運営委員会での確認事項が分掌チームのメンバーに伝わっていないことや、意思疎通が図られていない場面も多々見られた。

「伝わらないのはなぜか。分掌リーダーの資質の問題なのか」「運営委員会の機能、リーダーの役割を理解していないのではないか」など、教務主任のK教諭と頭を悩ました。

校長が、意思形成過程について図式化し「可視化」することにより、どのような流れで意思形成を図ろうとしているのかを全教職員が共通理解できるようにするとともに、K教諭には、運営委員会において、各分掌リーダーに対して繰り返し指導することをお願いした。その結果、システムが徐々に機能し、教職員間の連携が生まれてきた。

❷ 戸惑いの声

新年度の始業式、「新しい担任は誰か」子どもたちの期待は高まる。

一方、担任が替わると、指導方法等が変わる場合が多い。例えば、板書、ノート指導、宿題、係り活動等が一変するのである。

子どもたちからは、

「給食当番や掃除当番の仕方が前の学年と違う」

「前の学年とノートのとり方や教え方が違う」

など、戸惑いの声があがる。

保護者からは、

「前の担任は毎日音読を宿題に出してくれたので、子どもに音読習慣が付いてきたのに、今度の担任は音読に力を入れないので、子どもは家庭で音読をしなくなった」

「同じ学年なのに1組と2組の宿題の出し方が違うのはなぜか。担任の方針なのか。学校として統一されていないのか」

などという声は、少なからずどの学校でもあるのではないかと思う。

新たに3年生の担任になった新採用の先生が給食当番のやり方について、子どもたちとのやりとりを次のように語っている。

「先生、給食当番のやり方はどうしますか？」

「2年生の時はどのようにしていたの？」

「1組のやり方と、2組のやり方が違っていました」

「とりあえず、今週は1組のやり方で、来週は2組のやり方でやってください」

学校としての給食当番の方法が統一されていなかったため、このように指導になってしまったのである。戸惑うのは子どもたちである。

❸「私のやり方」から「積み上げ」での6年間へ

担任が替わる度に、指導方法、学習規律、生活規律等が変わってしまうのであれば、一番戸惑うのは子どもたちである。また、学校としてのつながりや積み重ねが無いため、次の担任は一から指導しなければならないことになる。

これまで、本校においても、学習規律や給食当番、掃除当番の方法等がしっかり統一されているわけではなく、学級担任の裁量によるものだった。

子どもたちが戸惑わないようにするために、1年生から6年生まで貫く共通の学習規律、生活規律、給食や掃除の方法を定めようと本校が取り組み始めたのは、平成25年度からである。

関係する分掌で検討が始まったが、教員個々の考えの違いがあり、共通理解に達するのに3ヶ月程の時間がかかっ

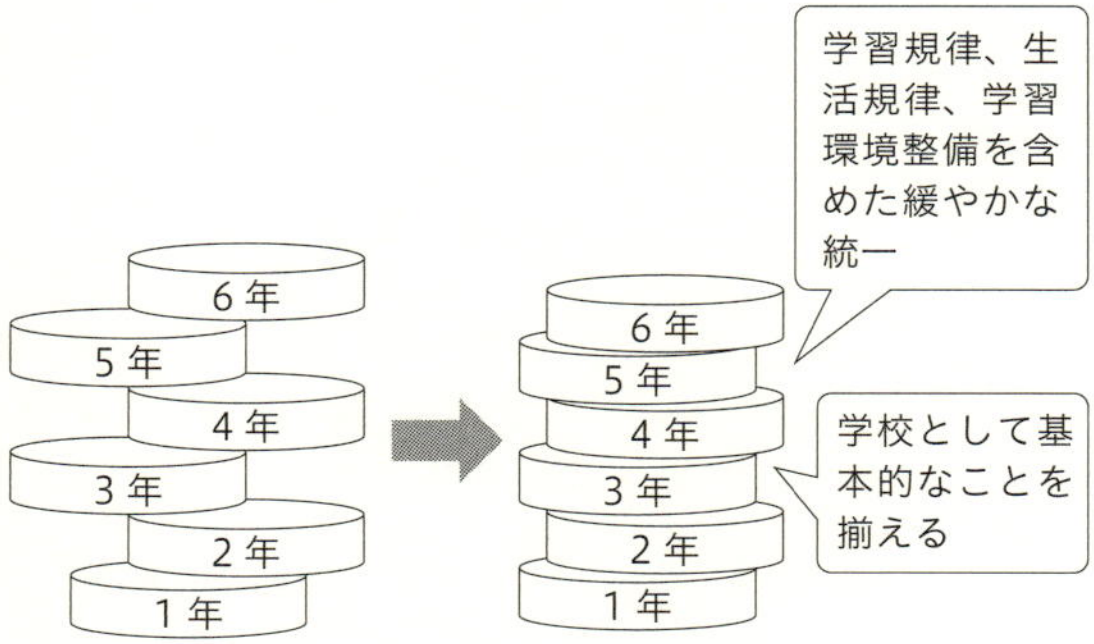

図1 「私のやり方」での6年間から「積み上げ」での6年間へ

た。しかし、時間をかけて意思形成を図ったことが、後に共通実践を進める上でとても大切なことであったことが判る。

本校の共通実践のイメージは、図1に示すように学校として基本的なことは揃えるが、教室内の掲示物の内容や場所まで全て統一しない、「緩やかな統一」としている。それぞれの担任の思いや願い、個性を生かす可能性を残すことにより、創造的な実践ができると考えている。

❹ 全員定着目標の設定

その学年で身に付けなければならないことを身に付けることなく次の学年に進級した場合、困るのはその子どもであり、指導する担任である。

最低限その学年で身に付けなければならないことをしっかり身につけさせて、次学年へつなげたいという教師の願いから、「文字・漢字」「話す・聞く」「音読」「書く」「計算」「学習用具の使い方」「基礎体力」の7項目からなる各学年における「全員定着目標」を作成し、実践している。その中の漢字の「読み・書き」と「計算」については、「定着確認テスト」による合格基準を定めており、基準に達しない子は繰り返しチャレンジする。

子どもたちは授業で学習したときは覚えているが、時間が経つと忘れてしまうことが多い。基準に達するまで繰り返し学習することにより、基礎・基本をしっかり定着させ、自信をもって次の学習に進んで欲しいと思っている。

子どもたちが合格基準に達するよう、担任はもとより職員室にいる職員全員で応援している。子どもたちが合格した時は、職員室から歓声と拍手が起こる。子どもたちの笑顔が輝く瞬間である。

❺指導過程・板書・ノート指導等の統一

特に本校の研究教科である算数科においては、「つかむ・考える・学び合う・まとめる・ふりかえる」という指導過程で、板書もその指導過程に合った形で行っている。子どものノートも見開きで板書と統一されている。全学年、全学級共通の取組である。

この取組により、進級し担任が替わっても指導方法、指導内容は変わることはないので、子どもたちは、戸惑うことなく6年間を積み重ねていくことができる。

また、算数や国語で使用するドリル等も全学年揃えることにより、より効果的・系統的に積み重ねることができるようにしている。

❻全ての教育活動をつなげる

学校が組織として機能するためには、何を目指しているのかが明確でなければならない。

学校の教育目標は、学校が形成したいと願う子ども像であり、全ての教育活動は学校の教育目標の実現を目指して展開される。即ち、学校の教育目標の実現が目指すゴールとなる。

ところが、学校においては主たる教材である教科書によって、日々の授業等の教育活動が行えることから、教育目標の具現化への取組が形骸化の傾向にあるといわれる。そのため、卒業までの6年間で、一人ひとりの子どもの上に教育目標の実現を図るという長期的な展望に立った具現化の営みを見直す必要がある。

本校では、各分掌から提案される教育活動の目標の中で、年度の重点教育目標に関係する部分に下線を引き、教職員の意識化を図るようにするとともに、その教育活動における重点教育目標の具現の姿を、「めざす姿」として記述するようにした。実施後はその達成状況について評価し、成果と課題を次の教育活動につなげるようにしている。この取組により、教育活動のつながり、積み重ねが図られてきている。

❼ 行動指針の設定

皆でゴールを目指すためには、自分たちの目指す方向を一方向に向けなければならない。

半年間程の時間をかけて先生方にも知恵を出してもらい作成した行動指針が、「ほめる」「つなげる」「ともに学び合う」の頭文字を取った「ほっと」である。

この行動指針を全教職員が強く意識して教育活動を推進し、子どもたち一人一人に居場所があり、安心して「ほっと」できるような温かな学校を創りたいという願いを持って取り組んでいる。

全ての教職員が同じ意識で子どもたちの指導にあたることで、本校の教育指導に統一感が生まれてきている。

❽ 協働体制の確立

これまでの取り組みを通して、全国学力学習状況調査結果から図2、図3のような変化が見られている。

とりわけ、本校の課題としていた自己肯定感の向上が図られたことは、大きな成果である。

転任してきたばかりの教職員からは、「学校が組織的に動いていることを実感している。」「共通実践がしっかり出来ているので、指導がしやすい。」「皆が同じ方向を向いて教育活動をしていると感じる。」などの声があがる。

皆で話し合い、意思形成を図り、共通のゴールを目指すことにより、教職員のつながりが生まれ、一貫した6年間

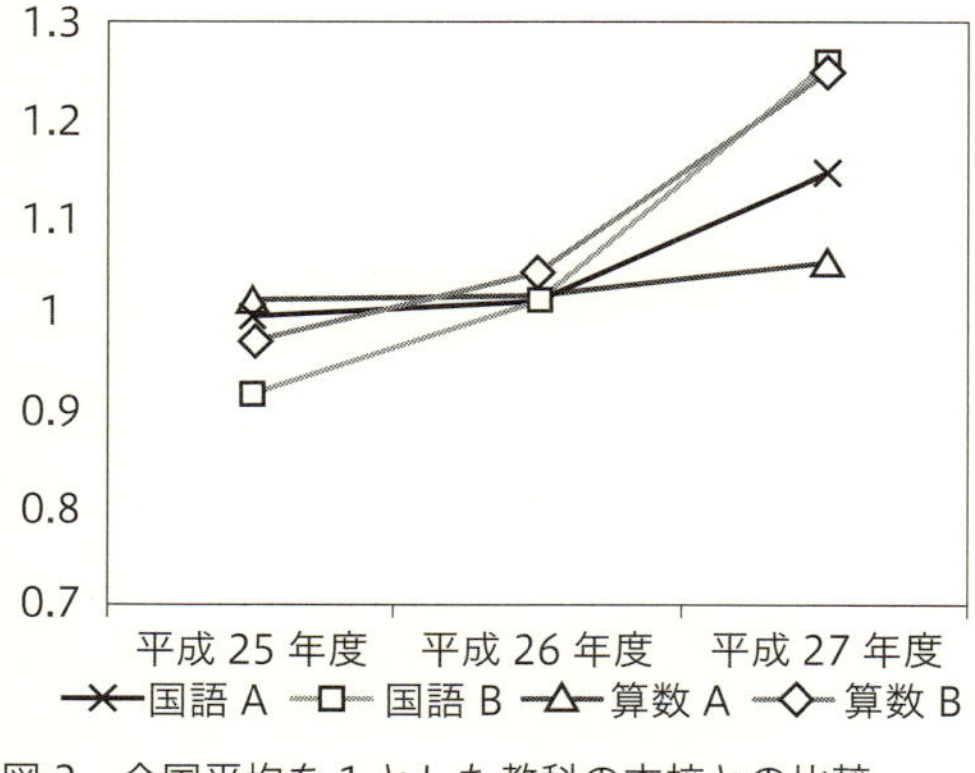

図 2　全国平均を 1 とした教科の本校との比較

の学びを創ることができた。

教育活動を充実させていくためには、ゴールまでのストーリーを構想し実現することができる専門家集団としての力が必要である。

今後、教職員一人ひとりが、一つひとつの教育活動のねらいや背景を理解し、何につながり、どこに広がって、どのようにつみ重なっていくのかを洞察できる力を身に付け、学校が子どもたちにとって、学びと成長の喜びに満ちた空間となるようにしていきたい。

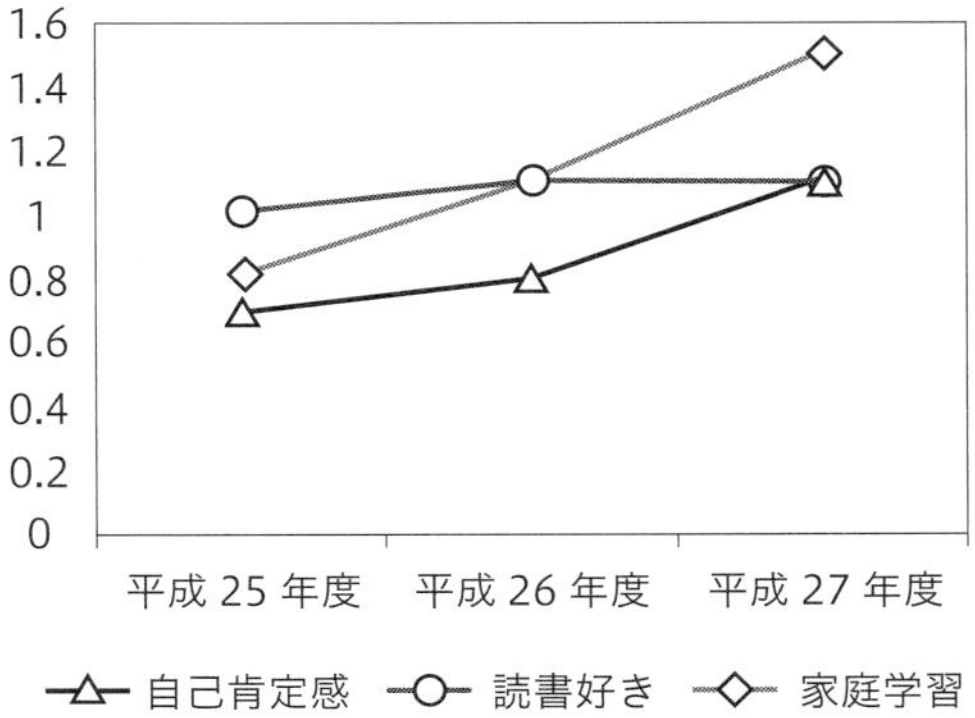

図 3　全国平均を 1 とした質問紙調査における肯定的意見の本校との比較

4 学校と保護者のつながり

足で稼ぐ親とのつながり

西宮市立深津小学校

学校と保護者をつなぐことは、つながり方に違いはあっても、おそらく寺子屋の時代から始まっていたのだろう。今日、PTAのアルファベット文字が示すように、子どもを目の前にして教師と保護者は密接につながらなければならない。ところが現実を見ると、つながりにくくしている現実があまりに多い。夏休み○○教室、各種習い事、学習塾等々学校以外での教育の機会が増えているのだ。これらの機会は、子どもを全人格的に育む性格のものではないように思われる。学習塾や習い事教室等は、それぞれの目的に応じて子どもを伸ばすことには長

西宮市立深津小学校

西宮市のほぼ中央に位置し、阪急西宮北口駅より徒歩5分の立地である。昭和58年に芦原小学校を発展的に解消し、近隣の学校と統合して誕生した。「人間尊重の精神を基盤とし、生きる力を身につけた子供を育てる」を学校教育目標に掲げ、地道な取り組みを継続している。校区内のマンション開発により急激な児童増が予想されている。

けているだろうが、子ども・保護者・教師のつながりを醸成するという点では、希薄ではないだろうか。つまり、あまりつながりが意識されていないように思われる。

一方で、少子化がすすんでいることもあり、保護者がひとりの子にかける愛情や期待は半端ではない。わたしも伸びるがあなたも伸びるという共に伸びるという「共伸」の精神がどこかに追いやられ、自分の子が伸びればいいという考えに陥りやすいように思える。残念なことだ。こうなると保護者から学校に対し様々な要求が突きつけられるようになる。それは時として常識を超えたり、理不尽と思えたりするところまで発展することが珍しくない。本校も再三再四そのような事態を経験してきた。

そんな中で、ふと保護者の立場に立つとどうなんだろうと考えることがあった。意外なことに、100%理不尽な要求だなと思っていたことの中に、5%、いや1%、「わたしたちもそうやな」「そう考えるかもしれないな」と思えることを発見することがあるのだ。つまり、聞く耳を持つことが重要なのだ。保護者が、先生が聞いてくれる、受け入れてくれると感じられれば、要求が相談に変化し、そこにつながりが生まれてくるように思われる。そうなれば教師が伝えたいことが伝わりやすくなり、子どもを中心にして正のスパイラルが始まるのではなかろうか。教師には、カウンセリングマインドが極めて重要だ。教師側からのアプローチとして、絶対的なものが家庭訪問である。本校では開校以来、家庭訪問の重要性を認識し、積極的に、日常的に行ってきた。

❶ 家庭訪問の底流にあるもの

（1）「先生、わたしら学校に協力せえへんからね」

教頭が平成18年4月に着任して、それほど日数が経過していない時のことだった。ある保護者から痛烈な言葉を投げかけられた。「先生、わたしら学校に協力せえへんからね。学校はわたしらに協力してくれへんかったもん」。

こう唐突に言われたのだ。これだけでは意味がよくわからないのだが、何かありそうなことはうかがい知ることができた。後日よくよく聞いてみると、地域行事に学校の協力がなかったことがその大きな理由のようだ。この時、学校はいわゆる「荒れた状態」だった。こう言われて以降、地域に足を運ぶことを徹底してきた。「開かれた学校」と言われるが、学校の敷居は、コンビニの敷居に比べるとはるかに高いようだ。地域の会合、祭り、もちつき、敬老会、運動会等、児童が関係しそうな、ありとあらゆる場面に足を運んだ。おかげで、学校を支えて下さる多数の方々と知り合いになることができた。結果的にはこのことが、その後の教育推進に大きな力となったのだ。今や学校は、学校だけの力で教育できる時代ではないと断言できる。

このことから、わたしたちは学校だけにとどまっていたのでは円滑な教育活動は展開しづらいと改めて実感したのである。教育に携わるわたしたちは、地域に、家庭に足を運ばなくてはならないのである。

（2）家庭訪問は靴減らしの教育

子どもの教育は、誰がするのか。当然、人がするはずである。最近、子育てをスマートフォンがするということを聞いたことがある。子どもがぐずった時、保護者が忙しい時、スマートフォンの映像を見せておけば何とか時間が持つというのだ。厳しい時代の到来のようにしか思えない。育児や子育てに生身の人間が介さないというのだから、日々子どもたちと心の触れ合う教育をと奮闘しているわたしたちには、考えが及ばないことである。

新任教師が、職場の先輩教師に「家庭訪問は大事やぞ。子どもの家を訪ねると言ってもちょっと尻込みするやろ。難しいことは考えんでもええんや、帰り道にちょっと寄ってみるだけでええんやで」と言われるような指導もある。しかし実際、何も考えずに訪問すれば、「先生、何しに来たんやろ?」となることが想像できる。やはりここは、子どものすごさ、良さを自分の喜びとして保護者に伝えるのである。言わば先回りの家庭訪問といえよう。

どうしても家庭訪問をしなければならない場合は、不適切な言動で迷惑をかけたり、ケガをさせたりし、謝罪が中心であることが珍しくない。後手の家庭訪問では、つながりを作ることにつながらない。場合によっては状況を一層に悪化させることすらあるのだ。

（3）玄関先にある「見えない扉」

家庭訪問の大切さは、先輩教師からよく聞かされる話の一つである。どちらかと言うと若手教師の苦手なこととみなされ、そのため先輩教師と一緒に家庭訪問をし、家庭訪問の仕方を直に学ぶようにしている場合が多いのではなかろうか。

玄関先まで訪問し、あいさつに続いて短時間会話を交わして、失礼するようなことを繰り返す中で徐々に保護者と距離が短くなることを感じることがある。安心・安全という言葉が頻繁に聞かれるようになってから、教師が名札を首からぶら下げている姿に、違和感を覚えなくなってきたのだが、名札がないとその学校の教師だと認知されないとは、残念なことだ。教師は芸能人ではないものの、しっかりと顔を売り、保護者に知ってもらうことが重要である。

何回となく家庭訪問を繰り返す中で、保護者とあいさつを交わし続け、抵抗なく家庭を訪れることができるようになってくるのが一般的である。しかし、玄関先には目に見えない扉があり、およその場合は閉まっていることが多い。この扉は、保護者が立腹し、学校に説明を求めているときは閉まりかかってはいるが、たいていの場合、それでもまだ微妙に開いている。そして、保護者と教師の関係が極めて良好で、忌憚のない意見交換や叱咤激励ができる状態、つまり、保護者が担任の家庭訪問を歓迎するような雰囲気がある時は全開状態なのである。このような状態になるには、相当な時間、回数、会話が必要なことは言うまでもない。

あいさつの重要性は教育界だけのことではない。子どもたちがいずれ出ていく社会では、最も重視されると言えよう。スマートフォンを手放せなくなり、SNS等の利用にどっぷりつかる中、教師であってもあいさつが自然とできない者が見受けられてもおかしくない。まずは、保護者とあいさつができることが基本であろう。そして、家庭を訪ねることができるようになるのである。

❷ 家庭訪問をしたから知りえたこと

(1)「あっ、釣り竿がない」

嘘のように思えるが、本当の話である。朝、教室に行ってみると登校していない子がいる。こんな時、同和教育推進教員の出番となる。まず家庭に電話をすることからことが始まるのである。保護者が電話に出れば登校を促してもらうのだが、それだけで登校することはあまりないのが現状である。たいていの場合、家庭訪問となる。

その日は、朝から小雨が降っていた。二人の教師が家庭訪問をした。ベルを押したり、ドアをノックしたりするが反応がない。「おはようございます」と言いながら家の中に入り二階へ上がることになる。無人である。教師の一人が布団に手を突っ込んでみると、まだ微かに温もりがあるではないか。「まだ遠くに行っていないぞ」と言って階下に降りたとき、もう一人の教師が、「この前あった釣り竿がない」と声をあげた。小雨の中、釣りに行っているとは思えないが、自転車もないのである。

念のため彼がよく話題にしていたG池のほとりにある公営のハイツに電話をしてみることにする。「小学生ぐらいの子どもが釣りをしていませんでしょうか?」「ちょっと見てきます」。しばらく待っていると電話がかかってきた。「子どもが釣りをしています」まさかと思って問い合わせをしたのだが、本当にいたのである。早速車で迎えに行き、登校させたのだ。この話は今のように携帯電話やスマートフォンが普及していない時代のことである。固定電話を使ってではあるが、実に迅速・確実な連携ではなかろうか。

なぜ家庭訪問をした教師は、釣り竿がないことに気が付いたのだろうか。それは、日常的に家庭訪問をしていたからにほかならない。無人の家の二階に上がっていけるような関係があるからこそ、釣り竿や自転車がないことに気が付いたのではなかろうか。そこまでの家庭訪問ができる関係を構築していることがなせる業なのかもしれない。

(2)「六甲を攻める」・「ゼロ4」

ある教師が、3年生を担任した時のことである。クラスのある子は遅刻したり欠席したりすることが多く、何度となく家庭訪問をしていたのだが、しばらくは状況にあまり変化がなく、保護者からの反応も芳しくなかった。それでもその都度、足を運んでいた。

次第に回数を重ねると、徐々に変化があらわれてきたのだ。「今から急いで行かせます」「先生、ちょっと待ってもらえる」「先生ちょっと上がって下さい」と、当人や保護者が応じてくれるようになってきた。こうなると話は早い。「何で遅刻するの？」と聞いても答えてくれなかった子が、ポツリポツリと話してくれるのだ。

この時「六甲を攻める」と「ゼロ４」と言う言葉の意味を教えてくれた。「六甲を攻める」とは、深夜、車で六甲山のふもとから頂上までたくさんある急カーブを、タイヤをきしませながら少しでも早く登りつめるドライブのことだった。一方、「ゼロ４」とはこれまた深夜、神戸沖の埋め立て地の直線道路４００mをスタートラインから車をスタートさせ、何秒で走りきるかを競う競技というか、ある種の遊びなのだ。親子でこれらに熱中し、翌日寝過ごしてしまっていたのである。

子どもが教えてくれたことに親子で参加しているというのだから、遅刻したり、欠席したりしても仕方がないのである。何度も何度も足を運んで、「六甲を攻める」と「ゼロ４」の意味を教えてもらったころからである、遅刻や欠席の話が持ち出せたのは。

❸ 家庭訪問の極意

（1） 迷うより先に訪問する

「家庭訪問をしようかな」と思ったら、迷わず家庭訪問をすることを勧めたい。家庭訪問をしようかなと思うということは、それだけの重要性があると本人が判断しているのだから。ところが、「時間がない」とか、「電話で済まそう」とか、「ちょっと敷居が高くって」等と思って家庭訪問を怠ってしまう。しかしそういうときに限って、どうしてあの時家庭訪問をしなかったのかと後悔するのである。

「家庭訪問をしたらいい」と思ったにもかかわらずしないということは、教師としてするべき仕事をしないことに匹敵するのではなかろうか。たとえ家庭訪問をしても何ら状況に変化がなかったとしても、ましてや悪くなったとしても、後々においては、あの時の家庭訪問がよかったんだと思えるのである。家庭訪問に行った方がいいと思ったら、躊躇なく行くことだ。ああやこうやと思いを巡らせるより、実際に行ってみるのである。

（2）十回の電話より一回の家庭訪問

小学校入学直後、一年生の保護者からよく聞く声がある。保育所・幼稚園は送り迎えの時、先生と話ができるのでその日の様子がよくわかっていたが、小学校に入学した途端に連絡帳でしか様子がわからないので不安だというのだ。確かにそういう面は否定できない。就学前は、保護者と担任は顔を合わせて子どものその日の様子を話していたのだ。しかし、入学してからは、学校からの電話が増えるが、子どもの様子はよくわからないそうだ。実際職員室の様子を見ていると、担任がよく電話をしている。少々込み入った内容を電話している時も見受けられる。

よく言われることだが、電話は大変便利ではあるが、人の生の会話に劣る部分があるということだ。場合によってはこの劣る部分が、好都合な時もあるのも事実なのだが。子どもを真ん中にしての会話は、相手の表情、息遣い、感情の起伏等を把握しながらしてこそ、会話の内容を正確に理解できるというものではなかろうか。それは話す相手にとっても同じである。保護者は、同じ時間、同じ場所を共有して話してこそ担任の伝えたいことが理解できるのだろう。にもかかわらず受話器を手に、話し続けていることが多いのが実態なのだ。一回の家庭訪問は、十回の電話に勝るのだ。やはり、足を運ばなければならない。

（3）家庭訪問をされる側に立ってみる

教師はどちらかと言うと、自分を振り返ることがあまり上手ではない。加えて、人の立場に立って物事を考えることが苦手なのかもしれない。実際には子どもの立場をよく理解し、授業を展開しているはずなのに。

家庭訪問についても家庭訪問される側に立って考えてみると、どんな家庭訪問がよいのか考えることができそうに思える。自分が保護者ならどんなことを伝えてくれたらうれしいのか、親しみや信頼感を抱くのかよくわかる。と同時にその逆もよくわかるのではなかろうか。教師は立とうと思えば両方の立場に立てるのだ。もう少し保護者の立場を意識してもよいのではないだろうか。

4 学校と保護者のつながり

学校・保護者・地域のつながりが生んだ漢字検定全員受検

足立区立弘道第一小学校

❶ 学校の授業と宿題が全ての子どもたち

足立区の就学援助率は約34％であるが、本校の就学援助率は40％と区の平均よりも高い。さらに、平成27年4月に校内で実施した調査では、本校児童が学習塾に通っている割合は全体の約20％であり、この数字は、本校の子どもたちの多くは勉強を「学校の授業と宿題」でしかしていないことを示している。一方、足立区内小中学校合わせて106校あるが、足立区内で毎年新規採用教員の数が100名を超えている。本校でも12学級

足立区立弘道第一小学校

足立区内の五反野地区にあり、全学年2学級、全校児童数353名。東武線五反野駅から徒歩7分の所にあり、駅前の商業地域を抜けた住宅地域に位置し、学校の周囲には都営住宅が多い。平成25年度より廃品回収で得た収益金で漢字検定全員受検（2～6年生）を実施し、保護者負担無しでの全員受検は、多くの保護者より賛同を得ている。

の中で本校が初任であり教職経験が5年未満の担任が4名いる。つまり、本校では、子どもたち一人ひとりに学習への意欲を高め自ら目標をもって学習に取り組めるような環境づくりと、若い教師の指導力を高め子どもたちが分かる授業を展開できるようにすることが喫緊の課題である。

❷ 漢字が書けない

足立区では、平成19年度より、4月の第2週に「足立区学習定着度調査」を実施している。実施学年は2年生から6年生であり、問題は前学年の基礎的・基本的な内容が多く含まれ、概ね目標値が70％になるように問題が作成されている。平成23年度の4月に実施した区学力調査において、目標値を通過した児童の割合は、国語57％、算数64％と低く、足立区小学校72校（現在69校）の中でも60番台に位置していた。さらに、詳しく傾向を調べてみると2年生では、国語も算数も目標値を超えた児童の割合が80％以上いるのに対して、学年が上がるにつれて目標値を超える児童の割合が減少し、特に、6年生の国語においては目標値を超えた児童の割合は約50％であった。そこで、その原因を探ってみると、まず第一は、物語文や説明文の読み取りができないことである。本校6年生の読み取り問題における平均正答率は55％。足立区の平均正答率60％より約5ポイントも下回っていた。しかし、国語の成績が悪い、即ち長文読解ができない、ということは学校関係者であれば誰でも容易に想像ができることである。さらに、衝撃的な事実があった。それは、本校の子どもたちは、漢字の読み書きが足立区の平均点以下だということである。特に、漢字を書くことでは、足立区の平均正答率が64％に対して47％という低さである。漢字の読み書きは、おそらく足立区内どの学校のどの学年でも、一括購入した漢字ドリルを使用して習った漢字の定着を目指して日々取り組んでいる。そして、学期のまとめや学年のまとめの時期には、学年や学級の実態、子どもたち一人ひとりの学習状況に応じて80点から90点以上を目標に、何度も何度も漢字の書き取り練習をしてはずである。それが、できていない。これは、各学年で学習する漢字が、その学年内で身に付いていない。さらに上の学年では覚えきれない漢字が増え、子ども自身に漢字学習への苦手意識が高まり、学年が上がる程増々漢字を覚えることが億劫になるからである。それでも、学期末や学年末になると担任に叱咤激励されながら漢字練習をがんばる。そして、漢字の書き取りテストを放課後残され、何回も何回も練習し、合格点をもらう。しかし、それは、そのテストの答えを覚えたのであり、本当に漢字を使えるようになったわけではない。それが証拠に、その後、覚えた漢字を使って作文が書けない。2～3週間もすれば、書き取りテストで覚えたはずの漢字をすっかり忘れてしまうのである。

将来への動機づけ

行政書士、社会福祉士、介護福祉士、ケアマネージャー、管理栄養士、ファイナンシャルプランナー等、現在、日本の国家資格は300近くある。また、企業内において国家資格ではないが専門的な資格のレベルを高めていくことで昇進や給与に反映される企業も増えている。つまり、これからの社会において、自分らしく生きていくためには単に職を得るだけではなく、自らの目標を設定しその目標に向かって努力できる社会人を育てることが必要である。それを、小学生のうちから経験させられる取り組みとして相応しいものの一つが日本漢字能力検定（略して漢検）と実用数学技能検定（略して数検）である。それは、漢検も数検も小学1年生レベルから受検できること。受検する際に、自分の力量に応じて級を決定できることである。自分の力量に合わせて自分の目標（受検する級）を決めて、その目標の実現に向けて、日々受検勉強を積み重ねていくことを小学生の時期からは経験できる価値は大きい。さらに、高校受験や大学受験において漢検や数検のもっている級が合否に考慮される学校が数多くあることである。つまり、漢字の学習や算数の学習に、自分の将来に向けた目的意識が生まれることである。

本校のような就学援助率の高い学校においては、保護者が病弱で思うように働けない、非正規社員のため十分な収入が得られない、一人親家庭のため親子で過ごす時間が少ない等の様々な家庭状況がある。本来、子どもは、プロスポーツを観戦することでサッカーの選手になりたい、美術館で名画を目の当たりにして将来画家になりたい、家族で郊外に出かけて楽しい時間を過ごすことで家族と一緒に過ごすことの幸せを実感する。本物の素晴らしさに触れて憧れを抱いたり、家族の温かさを感じ将来の自分もそうでありたいと明るい展望をもったりすることで将来に対する夢や希望をもつ。そういう経験の乏しい子どもが他校より多い本校においては、子どもたちが将来に対する意欲や見通しをもつ動機付けにもなる漢検・数検受検は、本校にとって有効な取り組みである。

受検者が増えない

平成23年度より、年3回実施される漢検・数検の検定試験の第2回と第3回を本校を準会場として子どもたちに受検の機会を設けた。平成23年10月に実施した漢検では1年生から6年生まで、全体の16％に当たる55名が、数検では全体の9％に当たる30名が受検した。2月の漢検は全体の17％に当たる62名が、数検は全体の15％に当たる52名が受検した。どちらの検定試験においても、子どもたちは真剣な面持ちで、ピーンと張り詰めた緊張感が受検会場となった教室に漂っており、普段教室で担任の先生が行うテストとは雰囲気が全く異なっていた。検定試験を初めて受ける子どもたちも多く、良い経験をさせることができた。しかし、翌年の平成24年度の漢検も数検も、2回共に受検者数にそれ程変化は無く、その約半数の子どもは、前年度に受検した子どもたちであった。つまり、検定試験に積極的に取り組める子どもと、そうでない子どもの二極化の様相を呈していた。この背景には、もちろん子ども自身の漢字や算数学習への意欲があるが、その他に親の教育への関心度の高さや1回の受検料が1０００円から2０００円かかることで、受検させてあげたくてもそうさせてあげることができない家庭状況がある。これでは親の経済格差がそのまま、子どもたちの将来に対する展望がもてるかどうかにつながってしまう。

❸「缶から漢へ」目指せ全員受検

本校は、平成27年度で創立50周年を迎えた。創立50周年の歴史は、正に学校と家庭と地域のつながりの中で子どもたちの教育を推進してきた歴史である。開校20周年に向けた取り組みが始まった昭和58年当時、本校の音楽室には管楽器が一つも無く、音楽の教員が子どもたちに吹奏楽を経験させたくてもさせられない状況であった。それを聞きつけた当時のPTA会長が、2年間、PTAバザーとアルミ缶の収集を行い、当時としては大金である100万円の収益を上げ、管楽器一式を学校に寄付した。その当時の話は「缶から管へ」の合言葉で、学校と保護者、地域の方々が1つにつながり素晴らしい高い成果を挙げた取り組みとして30年を経た現在も語り継がれ、金管バンドの活動は本校の特色ある活動となり、保護者や地域の方々に愛されている。

そういう本校のつながりの歴史を踏まえた上で、平成25年5月上旬、PTA会長を交えてアルミ缶回収や古紙回収等による収益金で漢字検定と数学検定の全員受検を目指すことの検討に入った。そこで幸運だったことは、PTA会長の職業が「便利業」で、廃品の処理についての専門家だったことである。PTA会長から、アルミ缶は1キロ100円、新聞紙は1キロ3円、段ボールは1キロ3円、雑誌は1キロ2円、布類は0円。さらに、足立区では集団回収報奨金制度があり、アルミ缶や雑誌・新聞紙・段ボール、そして布類についても1キロ6円の補助金が足立区から出ること等、専門家ならではの詳しいアドバイスがあった。そこで、「平成25年度の2年生から6年生の全児童数は211名。漢字検定協会には団体割引制度や受検料免除制度があります。数学検定にも受験者数に応じた割引制度があります。廃品回収で50万円を集め、漢検と数検の全員受検を実現したい」という学校の申し出に、PTA会長からは、「確かに廃品回収をして検定料に充てることには賛成です。私のできる限りの協力をします。しかし、50万円という額は、ハードルが高過ぎます。全員分は無理ではありませんか」「それなら1年間の廃品回収でどのくらいの金額なら可能でしょうか」「15万円位なら何とかなります」。そこで、学習の基本となるのは国語であること、また、区の学力調査の結果から、本校の子どもたちの漢字を読んだり書いたりする力に課題があることを踏まえ、数検は諦め、漢検の全員受検を決定し、15万円を目指し廃品回収を進めることにした。そして、この事業に本校の教職員が、受検そのもの以外に直接関わる機会が少ないことを考慮し、事業主体は、弘道第一小学校PTA・開かれた学校づくり協議会とした。廃品の回収日は、毎週金曜日の朝の開門から9時まで。回収場所は、正門の玄関内（雨でも濡れない場所）。回収した物は余裕教室に一時保管しておく。そして、適宜PTA会長の軽トラックで引き取り業者まで運んで頂く。保護者への周知は、PTA総会等で校長から保護者に直接協力を要請し、さらに、学校便り等でもお知らせした。うれしいことに学校便りを読んだ町会長さんが、町の集会で「子どもたちのために、学校の廃品回収に協力しましょう」と呼びかけてくださった。そして、校内の準備が整い実際に廃品回収を実施したのは、8月の第4金曜日からであった。2月8日の全員受検日まで目標の金額が集まるか不安だった。しかし、思いの外漢字検定全員受検のための廃品回収は上々だった。毎週金曜日になると、自転車の荷台に新聞紙や雑誌をたくさん乗せて来る保護者や地域の方々。自動車販売所に勤務し会社で出る大量の段ボールを定期的に車で運んで来るＰＴＡ役員。12月の大掃除の頃には、ワンボックスカーで荷台に一杯の新聞紙や雑誌を待って来て下さる方が何人もいた。こうして、平成25年度は、廃品回収で目標の15万円を集め、漢字検定協会の割引制度を利用する中で、何とか漢字検定全員受検を達成することができた。そして、平成26年度は、廃品回収で21万円収益と足立区小学校ＰＴＡ連合会から本校の廃品回収による漢字検定全員受検取り組みが認められ、『けやき賞』として賞金２万円を頂いた。これ

図１　廃品回収に協力して下さる地域の方、資材の様子

で、毎年、このペースで廃品回収が行われれば、この取り組みは本校の特色ある取り組みとして継続できる見通しがついた、はずだった。

突然の検定料突然の値上げ

平成27年度に入ってから、突然漢字検定協会の本校の担当の方が学校を訪ねて来られた。そこでの話は、要するに、漢字検定に関わる人件費等の高騰のため、受検料が一律５００円値上がりするということであった。27年度の２年生から６年生までの全児童数が２９６名。すると、約15万円の負担増。廃品回収でさらに15万円多く回収するのは絶対に不可能、万事休す。

つながりが生んだ『漢字検定基金』の設立

検定料15万円負担増、廃品回収による保護者負担無しでの漢字検定全員受検が困難

図２　漢字検定受験に向けて学習に取り組む子どもたち

の報を受けた現ＰＴＡ会長、歴代ＰＴＡ会長からなる本校50周年記念事業実行委員会が早々に「漢字検定基金」の設立を決定。学校側への支援を申し出があった。50周年記念実行委員の方々の多くは、開校20周年の際の「缶から管」を実現させたメンバーである。これからは、「缶から漢」です、と力強い言葉を頂き、検定料の不足分は漢字検定基金から全額補助することと、ＰＴＡ会長からは毎年開催されるＰＴＡ夏祭りの収益金の10％を漢字検定基金とすることをお約束して頂いた。これで、毎年約10万円は不足するだろう検定料が補填できる目途がついた。これで、弘道第一小学校の廃品回収による保護者負担無しでの漢字検定全員受検は途絶える心配はいらない。学校と保護者、地域の方々のつながりが、これからの社会の中で、自らの目標を設定しその実現に向けて努力できる人を育てる環境づくりにつながった。

最後に、平成27年度「足立区学習定着度調査」において6年生の国語の目標値を超えた児童の割合は約85％となり、読み取り問題における平均正答率は65％で足立区の平均正答率63％より約３ポイント上回っていた。さらに、漢字を書くことでは、足立区の平均正答率が69％に対して79％と10ポイント上回ったことを、ご報告しておく。

5 学校と地域のつながり

つながれ！　多文化共生の学校へ・街へ

大阪市立南小学校

❶「ちがい」があふれる学校、南小学校

大阪ミナミの繁華街、心斎橋。駅を出ると「ここは、中国？」って思ってしまうほど、中国語がいろいろなところから聞こえてくる。今、ミナミの街には、中国、韓国などのアジアの人たちをはじめ世界各国の旅行

大阪市立南小学校

明治４・５年開校の４つの小学校が約30年前に統合。元の学校からは、作家の山﨑豊子氏、喜劇俳優の藤山寛美氏など数多くの著名人が排出されている。大阪市の小学校の日本語指導は、各校の要請に応じて低学年の日本語指導協力者派遣と高学年の帰国した子どもの教育センター校通級指導で行われている。しかし本校は、多数の対象児童が在籍していることから児童生徒支援加配教員が配置されている。また、2015年度より区役所の外国籍児童生徒サポート事業が開始された。通訳者派遣については、初期対応や個人懇談会など限定的に派遣される。授業における母語支援の必要性を強く感じているが現在は制度がない。

者が溢れている。旅行者だけではない。外国人居住者も増加の一途をたどっている。その心斎橋駅から数分のところに大阪市立南小学校がある。

南小学校は、在籍する児童数180名の約4割、75名（2016年5月現在）が外国にルーツをもつ。関係する国や地域もフィリピン、中国、韓国、モンゴル、ルーマニア、インド、ブラジル、アメリカ、ガーナなど、年度によって異なるが、多いときには15カ国にも上る。年度途中に海外から編入してくる児童も多く、日本語を全く話せない児童も少なくない。その児童の保護者の多くも日本語での会話に不自由していることが多い。

南小学校には、本校ならではの光景が見られる。ロシア語で友だちと会話をしながら登校する子ども。その横では、母親にハグをしてもらいポルトガル語で声をかけてもらい見送ってもらってい る子。キスを交わしタガログ語で「いってらっしゃい」と言葉を交わす親子。下校時も玄関のピロティホールには、たくさんの外国人の保護者の方が子どもたちの帰りを待っている。日常的に子どもたち同士で通訳したりする姿も見られる。

❷ルーツをもつ子どもたちが抱える厳しい現実

こんな光景が見られる本校だが、ルーツをもつ子どもたちが抱える厳しい現実を突き詰められる衝撃的な事件があった。それは、2012年に起こった外国人母子による実子刺殺自殺未遂事件である。

4月の入学式、会場は、満面の笑みで我が子の入学を喜ぶ父母で溢れかえっていた。その母親も呼ばれた名前に「はい！」と返事して花輪の台をくぐり抜けてきた我が子の姿を満面の笑みでタブレットに収め、入学式の記念写真にも親子共に緊張した面持ちで写る姿があった。

始業式の早朝、大きな袋にたくさんの学用品を詰めて来校する母親が「先生、どれいりますか？」と、たどたどしい日本語で尋ねてきた。学校で使うものを確かめに来たのだった。「これとこれ。これも……。」後は、担任の先生に聞いてくださいね」そういうと母親は、1年生の教室のある2階へと上がっていった。当日までに学級担任が持ち物を確認する電話をかけていた。勿論、ルビ入りの手紙も渡していた。母親は、決してわからなかったわけではない。直接、その物を指し示してもらうことで確かめたかったのだろう。その母親による実子刺殺自殺未遂事件が起きたのは、1週間後のことだった。あれほどこれからの子どもの成長を楽しみにしていたのに……。学校も地域も保護者も、そして、近くに居住する同国の人たちも悲しみにくれた。この事件の真相は今でもわからないが、市の検証報告では、「母親が言葉や文化の違いから孤立感を深め精神的に不安定になったのでは」と指摘している。

この事件を通して、外国にルーツをもつ親子が異文化社会で暮らす現実の厳しさを改めて実感する。そして、それは、学校での日々の学力や生活からもその深刻さが伝わってきた。

生活面においては、保護者から「体調不良」との理由で欠席を重ねた児童を訪ねると、妹の面倒を見なければならないので学校には行けないと言う。かつて、同和教育において「今日も机にあの子がいない」という長欠・不就学の問題を直視した取り組みがなされてきた。正にその状況が目の前にあった。健康面においても高熱が続いていたのにもかかわらず、数日間も病院にも行かず、やっと受診した結果、インフルエンザと診断された子どももいた。親の仕事の関係で深夜まで一人で過ごし食事をしないなど、食生活でも深刻な状況がみられた。母国の家族の経済的な支援を含めて、自身の家族の生活を維持するために、子どもたちが犠牲になってしまっている現実があった。

学力面においても深刻な状況があった。全く言葉も通じず、約2ヶ月間学校に登校しては泣き叫んで帰ろうとした子どもも、しばらくすると友だちとの会話も少しずつだができるようになってくる。しかし、外国にルーツをもつ子どもたちの多くは、日本語での会話ができるようになっても学力面での課題は深刻である。教科学習に必要な言語が欠落しているのである。年齢相応の学習に必要な学習言語を習得するには、5~7年以上必要とされる。外国にルーツをもつ子どもたちの中には、「下水道が網の目のように張り巡らされている」などの複雑な文や「友だち同士」で「同士」が、さっぱり分からず学習が進まないことがあった。また、幼い頃に母国と日本での生活を繰り返えすことで、言語の獲得に大きな悪影響を与えてしまい、母語も第2言語も年齢相応の言語能力がつかない「ダブルリミテッド」状態となり、思考力・表現力とも発達しない深刻な状況を生み出すケースもあり強いストレスを感じている子どもの姿も見られた。さらに、言葉の問題は、学力だけでなく親子の関係にまで大きな影響を及ぼしていた。学年が進むにつれて、日本語の理解度が親子で逆転してしまい、それがもとで親子の関係が悪化するケースも見られた。
このような状況下で深く自尊感情が傷つけられ、将来への希望が持てなくなったり、自身の可能性を閉ざしてしまう子どももいた。

❸どうにもならないと思われた現実からの出発

教職員も、取り組みを進めても思うような結果が得られない現実の壁にあたっていた。何とかしなければという思いの中で、改めて全ての教職員で議論を重ねた。今までやってきたこと。まだやれていないこと。できたこと、できなかったこと。何ができるのか、できないのか。話し合いを続けた。

そのような状況の中、まず学校内では、再度、児童の実態を直視した授業の見直しや個別化指導を徹底した。「ミナミスタンダード」と名付け、基本的な生活習慣の確立に向け生活指導面での意識改革に全力を上げることにした。そして、学力面でも生活面でも基盤となる自尊感情を高める取り組みとして「自文化理解を基盤とした多文化共生の学校づくり」を教育課題に挙げ、つながりを重視した取り組みを強化していった。具体的には、地域の老人クラブの方との「むかし遊び交流会」やミナミの商店街で働く人たちから街の良さを学ぶ「まちのすてき　はっ見たい」、地域の方と花があふれる街をめざした花植え交流「花まつり」。地域に流れる道頓堀川などを船で巡り川からの校区探検をする「川探検」、地域の方から学ぶ「和太鼓」演奏など自分たちが暮らす大阪ミナミの街を強く意識した取り組みを地域の方の支援を受け行っていった。

また、多文化理解教育においては、在籍する外国にルーツをもつ子どもたちと関係の深い国や地域を中心に学ぶ機会を増やしていった。具体的には、外国人の保護者の方たち等が担当する各国ごとに設けたコーナーで、聞き取った情報を他の子どもたちに伝達するという学習「せかいのこどもたち」を行った。その時に見せた、自分の国のことを紹介してもらっているときの子どもの満足そうな顔、得意そうな顔、誇らしげな顔、興味深く聞く子どもの顔が印象に残った。その他、本校の子どもに関係する国や地域の文化に触れるために校区にあるインドネシア領事館の方から紹介していただいた方による「バリダンス」の舞踊を鑑賞し、一緒に踊った。また、モンゴルの方と「ゲル」を一緒に建て、ホーミーや馬頭琴の演奏を聴く機会をもったり韓国の劇団の観劇会を観たりもした。その時、前列で観ていたこども数人がリズムに合わせて踊りだすこともあった。フィリピンの文化に触れる集会では、スクリーンに映るフィリピンの食べ物や乗り物が映ると、フィリピンルーツの子から歓声がわいた。また、日本語教室に通う子どもたちで国際学級（ルーツのある子どもたちが自分の国について調べ発表したりする時間）を設け、民

図１　せかいのこどもたち

族的アイデンティティを育む取り組みも行った。

こういった取り組みの確かさを実感していったが、一方で学校の取り組みだけでは限界があると感じていた。支援してくれる教育関係者は、ないだろうか？　NPOは？　あらゆる手段を講じて探しまくった。ある時は、全く面識のなかった講演会の講師の方に直接アドバイスを得たりするなどもした。様々なアドバイスをいただき具体的な手だてを講じていった。そんな中、地域のNPOが主催した「外国人母子支援事業をテーマにしたネットワーク会議」に参加することにした。その会議には、行政、NGO、NPO、そして、フィリピンやタイ、韓国などの領事館も参加していた。そこでは、多文化共生への課題について参加者からの問題提起であったり、外国人当事者からの聞き取りを行うなど課題の共有と具体的な対応についての協議が行われていた。その中で南小学校のことついては、4月の事件のこともあり話し合われるなど関心を持つ団体も多かった。そして、回を重ね状況を伝えていくうちに南小学校の課題の共有化が少しずつ図られるようになっていった。「このままでは、あかん。何とかせなあかん」という参加者の声を機に動き出す必要性が確認された。

そして、外国にルーツをもつ子どもたちの学習支援と居場所である「Minamiこども教室」の誕生へと繋がっていった。

❹ 外国にルーツをもつ子どもたちの学習支援と居場所をめざして

ルーツのある子どもたちの学習支援と居場所「Minami子ども教室」は、南小学校、大阪国際交流センター、すでに外国人の学習支援で実績のあるNPO、ソーシャルワーカーとしての役割を果たすNGO、大学関係者、そして、それらをコーディネイトするNPOなどそれぞれが持っているノウハウを活かしてつながり実行委員会を結成しスタートをきった。

「Minamiこども教室」は、当初、数名のボランティアと数名の子どもが南小学校の会議室を利用して放課後に行った。その後、学習支援だけではなく夜間の居場所づくりも目的であるとしたため、毎週火曜日の夕方6時から8時まで、子どもたちが住んでいるところに近い公共施設「中央区子ども子育てプラザ」で行うことになった。数名の子どもとボランティアから始めた「Minamiこども教室」も現在、子どもの登録数は40名弱、常時約20名参加、ボランティアの登録数は40名以上にもなっている。夜間のため帰宅時にはスタッフが送って行くが、送りだけのボランティアをしてくださる地域の方もいる。学習内容は、1時限目、学校から出た宿題を行い、2時限目は、現在、読み物を通した対話型の学習方法を用いて簡単な日本語指導を行なっている。3年生から6年生ま

でを対象にしていたが、現在は、少しずつ中学生への支援の輪も広げている。

通常の活動以外にも、子どもたちの食生活の課題から自分で作れる料理を学ばせようと料理活動を行うことになった。その時には、給食調理員がボランティアで関わってくれ、料理の内容や料理の指導を行なってくれたりしている。給食調理員も積極的に参加してくれることで、アレルギー対応だけでなく宗教上の課題に対しても対応することができている。料理活動には、親たちの参加者も見られ交流がする場面もある。今後も積極的に親の参加を働きかけ、コミュニティとしての機能も果たすことができればと思う。また、見学に訪れていた看護学科の学生から衛生面での話をしてもらったり子どもたちのロールモデルとして、ルーツをもつ大学生から学ぶことの楽しさや将来の夢を語ってもらったりもしている。年齢も近いことで日頃から疑問に感じていたことをフランクに聞く姿が印象に残った。また、弁護士の子ども部会の方に、職業としての弁護士について話をしてもらうこともあった。地域の読み聞かせのボランティアの方に月1回、紙芝居や絵本の読み聞かせもしてもらっている。遠足に行ったり、体験活動も行ったりもしている。

火曜日の朝、学校で「今日、Minamiこども教室あるやんな！」と話しかけてくる子、「Minamiこども教室」の活動中、学校での楽しかったことを話す子、できなかった計算問題が解けてボランティアに褒められ、満面の笑みでさらに難しい計算問題に挑戦する子、休憩時間に父母の離婚後について相談してくる子、活動終了後の帰り道に自分の将来の不安を語りかけてくる子等、子どもたちにとって「Minamiこども教室」が必要不可欠なものとなっている。また、子どもたちとの交流がボランティアの方にとっても生きがいとなり参加が欠かせないものとなっている方もいる。さらに、「Minamiこども教室」は、日本語でのコミュニケーションが難しい親にとって公的手続き、法律問題、通院同行などの相談場所としても機能している。

❺「ちがい」を豊かさに感じられる多文化共生の学校へ街へ

南小学校には、「ちがい」がいっぱい溢れている。産まれた国や地域、食べるものや言葉もちがう人がたくさんいる。その「ちがい」を当たり前のように受けいれ、「ちがい」があっても違和感のない、むしろ「ちがい」に気づくことで豊かさが感じられる子どもに育ってくれたらと願う。そのためにもあらゆる方とつながり、多文化共生の学校づくり、街づくりを進めていきたい。

「Minamiこども教室」から自宅に帰るときに「私は、高校なんか行かれへん。お金ないし、頭も悪から」と言った子がいた。小学校5年生で将来の可能性を自ら閉ざしてしまおうとする子がいる。この子どもたちが社会からドロップアウトしてしまうのか、それとも異文化で厳しい生活状況の中で暮らすという現実を知るこの子どもたちが、グローバル社会のリーダーとして活躍するのか、その違いは、あまりにも大きい。

南小学校のルーツをもつ子どもたちが厳しい現実を乗り越え、自分の可能性に向かって突き進むためにもこれまで取り組んできた人権教育の視点が必要だ。そのことが基盤となり、全ての子どもたちが豊かに学ぶ多文化共生の学校となる。そのために今、学校、行政、PTA、NPO……様々な人がつながることが強く求められている。大阪ミナミで育った子どもたちがグローバル社会に生きる人間として地球的規模の視野を持ち、世界を繋ぐ架け橋として活躍してくれる姿を思い浮かべる。

昨年の2月の夕刻、卒業生で「Minamiこども教室」に通う子どもが職員室に訪れ、高校受験に合格したとの報告があった。当時の担任をはじめ職員室の全ての教職員から大歓声が沸き起こった!

「つながり」が生む多文化共生の学校へ、街への取り組みは続く。

5　学校と地域のつながり

地域とともに子どもとつむぐ物語

箕面市立萱野小学校

❶子ども・保護者・地域・社会に開かれた楽しい学校づくり

萱野小学校では「自分が好き！　友だちが好き！　学校が好き！」「地域・社会に開かれた楽しい学校づくり」を目標に、人権教育を基盤にすえた教育活動に取り組んでいる。

人権としての教育（学習機会）：すべての子どもたち、とりわけマイノリティーの立場におかれている子どもたちの学習権を保障するため、学ぶことに魅力を感じ、意味あるものになるように、

箕面市立萱野小学校

箕面の中部に位置し、児童数約600名の中規模校。人間関係づくり、基礎学力保障、人権総合学習の３つの柱を基盤に、「自分が好き！」「友だちが好き！」「学校が好き！」な子どもを育む、「地域・社会に開かれた楽しい学校づくり」を目標に人権教育を基盤にすえた教育活動にとりくんでいる。

子どもたちの実態を教職員がしっかりつかむことから学習の展開が始まる。

人権についての教育（学習内容）：子どもたちがそれぞれのテーマを追求するなかで、人権課題と出会うことを大切にしている。

人権が大切にされた教育（学習過程）：子どもたち自身が、自分たちの声や考えが生かされて学習が展開されているという実感をもてるような学習プロセスが重要である。

人権をめざす教育（学習目的）：人権が保障される社会を実現していくために、自分の力を信じて行動していく子どもたちを育てていくことをめざす。

❷ 地域・保護者との協働

学校教育において、子どもたちを育む大きな力が地域や保護者のみなさんのネットワークを生かして教育活動を展開している。

PCT活動

「ものより思い出」を合言葉に、保護者のみなさん発のアイデアで、子どもたちに豊かな経験の機会をつくろうというのがＰＣＴ（Parents・Children・Teachers）活動だ。２００３年度に始まったこの活動は、学年の取り組みとリンクする内容を保護者のみなさんの企画で楽しんだり体験したりと、まさに協働で教育をつくる活動に発展した。

へいわ21

毎年8月に行っている「へいわ21」（平和登校日）はらいとぴあ21（萱野中央人権文化センター）との共催で、かやの幼稚園、萱野保育所、地域協議会、暮らしづくりネットワーク北芝、地区福祉会やPTAの協力のもと、らいとぴあ21で実施している。

子どもたちの実行委員による企画のほか、戦争体験の聞き取り、戦争中の食べ物、幼稚園職員による劇やらいとぴあ21の職員による展示、保育所の子どもたちによる合唱などさまざまなコーナー

図1　PCT活動の様子（2014年度）
1年生（右上）たいこの達人 in かやの
2年生（左上）ボクササイズ
3年生（左中）キンボールを楽しもう
4年生（右中）けん玉名人になろう！
5年生（左下）ふれあいバスケットボール教室
6年生（右下）フラッシュモブダンスをしよう
下段　和太鼓体験へレッツゴー !!

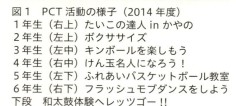

が設定され、子どもたちと地域の人たちがともに平和の大切さを考える一日となっている。

つくってあそぼう！かやのキッズ！

校区青少年を守る会が中心となり、地域と学校との共催による「つくってあそぼう！　かやのキッズ！」はこの２月で53回を迎える活動だ。土曜日の午前中に年３回開催されている。家庭では体験しにくくなった季節の行事や工作などの企画は子どもたちに大好評だ。毎回たくさんの地域のみなさんが協力してくださり、さまざまな趣向を凝らしたコーナーが設置され、校区のみなさんと子どもたちとの交流の場として位置づいている。

❸人権総合学習　地域とつくる子どもの学び

人権総合学習のめざすものは、自分を出発点に地域や社会、そして広く世界へも目を向けながら活動し、そこで学んだことを生かして、自分の未来を築き、よりよい社会づくりに参加していく子どもを育てることだ。それは人とのつながりなしには考えられない。子どもたちは萱野のまちをフィールドに、さまざまな人たちの思いに触れ、積極的に関わろうとする力を高め、自分の世界を広げていく。

図２　保護者と工作

図３　もちつき体験

1、2年生では、自分をスタートに、友だちや家族、地域の人たちへと世界を広げていく。遊びや体験を大切にしながらさまざまな出会いを楽しむ。

3、4年生は地域や環境・福祉をテーマに、身近な社会への関心を高めていく。地域の人たちの生き方に学び、よりよいくらしをめざす意識を育てる。

5、6年生では世界や将来に視野を広げたうえで、改めて自分を見つめなおし、地域・社会の中の一員として主体的に参画していく力をつけることをめざす。

低学年のうちに人とつながることを楽しむ「人権基礎総合学習」、中学年で自分の得意を生かしつつ相手を意識した活動を展開する「パフォーマンス系総合学習」、

図4　人権総合学習の取り組み
1年生　保幼小連携 れんげ畑でこんにちは
2年生　世代間交流会
3年生　お宝人権まつりでお宝認定会をしよう
4年生　地域の防災マップを作ろう
5年生　タイの文化にふれよう
6年生　園児にお仕事紹介をしよう

地域から学ぶ「地域系総合学習」、それらを基盤として高学年でよりよい社会づくりに参加する「人権起業家教育」へと、六年間かけて積み上げいく。

萱野小学校のまわりにある地域の人も教育スタッフととらえ、ともにとりくみをつくっていっている。地域の保育所、幼稚園との交流。農業に誇りを持ち、農地を保護しつつ、農業にとりくむ地域には、農業体験をさせてもらっている。

とりわけ、校区には、らいとぴあ21（萱野人権文化センター）があり、様々な人権課題と出会う施設となっている。総合学習を展開していく時、必ずらいとぴあとの出会いを6年間続けている。そこから、「障害者にとっての街づくりとは？」とか「部落差別ってなんだろう？」といった人権学習につなげていくきっかけづくりになっている。社会の中にある、見えにくくなっている差別の問題、人権の課題を子どもたちに見えるようにするための、方法のひとつに地域との出会いがある。

地域と出会う子どもたち

らいとぴあ21には様々な居場所をつくるしかけがある。萱野小5年のAは、5年生から学習への意欲をなくし教職員への反抗をくりかえした。授業への不参加、暴力・暴言など保護者と連携をとりながら、かつての落ち着きを取り戻すために様々なとりくみを展開していった。一番課題に感じたのは、Aには家にも学校にも自分の本当の気持ちを言える場所がないことだとみたてた。そこで、らいとぴあ21の職員と相談し、Aの大好きな料理づくり教室を開き、Aへの参加をうながした。

そこでAはらいとぴあ職員と料理をつくりながら、自分の家のこと、学校の教職員への不満を言うことができた。学校でも人権総合学習でAにとっての興味・関心につながる外国文化について話すゲストティーチャーを呼び、教室に戻って来られるようにとりくんだ。5年の後半から地域の施設と接点を持ちながら徐々にAは教室に戻り学習を始めた。

学習の定着に時間がかかる3年のB。学習することから逃げる行動が多くなっていった。家庭訪問などで、学ぶことの大切さを保護者と共有しながらBの意欲につなげられないかと担任は模索していた。地域には、差別によって文字をうばわれた人々が文字を取り戻すために学びを深める「北芝よみかき教室」がある。そこの生徒とB

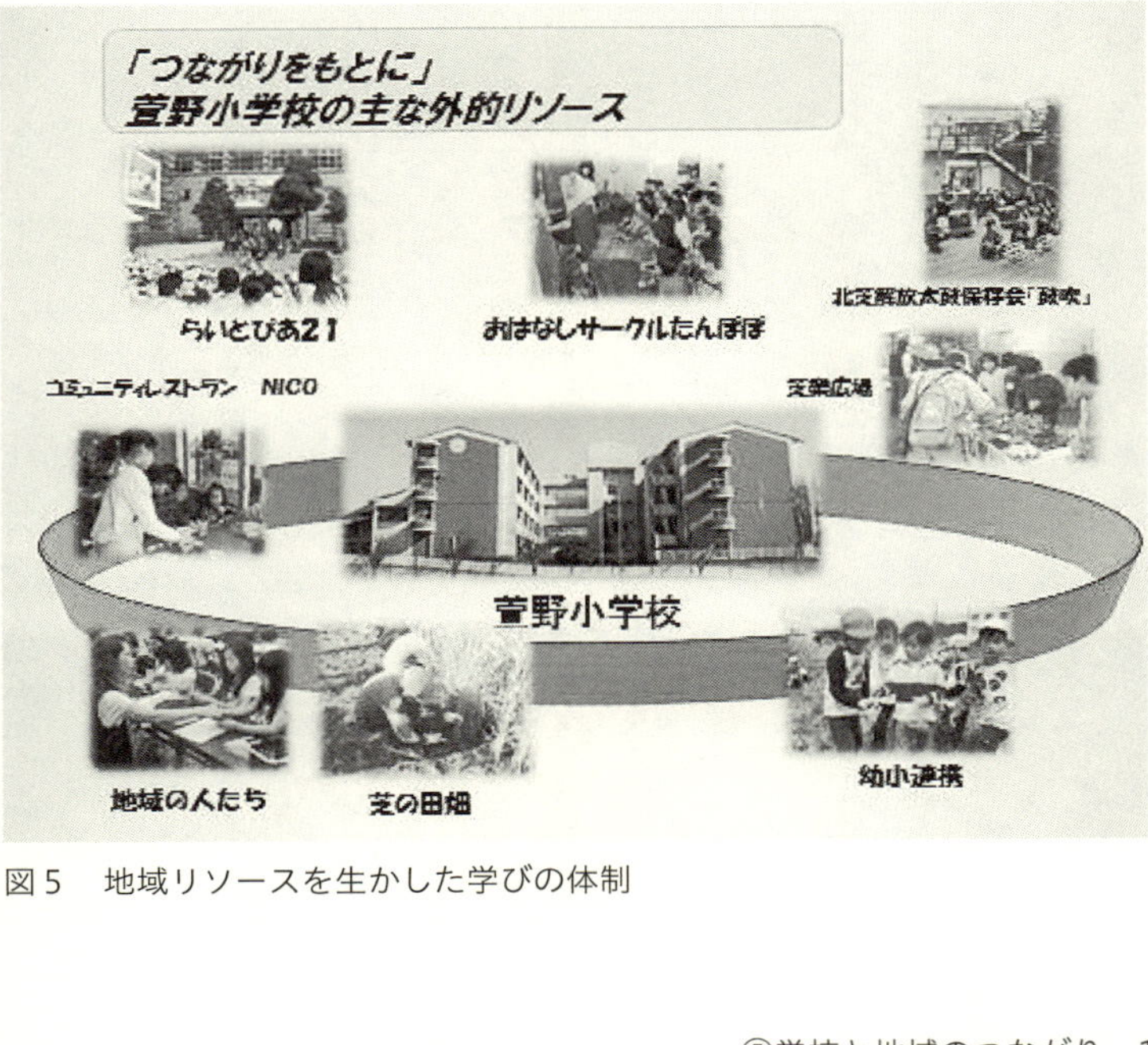

図5　地域リソースを生かした学びの体制

が出会っていく。「おばちゃんら勉強したかってんで」「今は、あたりまえに学校いけるのうらやましいわ」などの話を聞き、Bは「ぼくもがんばります」とふたたび学習についてむかっていくことを考え始めた。

４年のCは教職員のアドバイスをなかなか聞き入れることができない。絵やイラスト描くことがクラスの友だちから認められていた。東北の震災支援で自分の得意のイラストのカンバッチをつくって、募金を呼びかけることにした。最初、津波をイメージしたイラストを考えていたC。だけど、スカイプを利用した被災地の人から「まだまだ、津波は自分たちにとってはこわいもの」という感想を聞き、Cは今まで時間をかけて制作したイラストをあっさりと津波をブロックするものに書きかえる。Cと大人との関係が変わりはじめるきっかけとなっていった。

❹萱野小学校これからの歩み：地域とともに

取り組みの間に登場する子どもたちは、各学年に必ずいる。萱野小学校では、どんな課題があろうとも「すべての子どもに居場所をつくる」を合言葉に、人権教育を基盤とした教育活動を24回の公開研究会を通して、子どもの姿から検証し続けてきた。「学習したくない。」「先生なんか信用できない。」大人・教職員に向けられた言葉は、実は「もっとわかるようになりたい。」「本当は、もっとわかってほしい」という言葉にならない気持ちの表れであるという事実を萱野小学校の教職員は、多くの子どもたちの姿から教えられてきた。

子どもたちの本当の思いに教職員が気がつき､子どもの持つ課題をともに乗り越えていくことで、すべての子どもの居場所をつくるという学校文化を、地域とともに教職員が入れ替わっていってもつくり続けてていく学校でありたいと思っている。

同時に、本校には被差別部落に住む子ども、外国にルーツを持つ子ども、自分の性に違和を感じている子ども、障害があると言われている子どもなど、社会に出ていった時に差別に出会う子どもたちがいる。だからこそ、人権教育を通して、差別をつくるマジョリティ側の子どもたちが、「差別をなくしていくのは、これから社会に出ていく自分たちだ！すべての人に居場所をつくる社会を自分たちでつくっていくというより良い社会づくりに参画できる人材の育成をめざして、教育活動を展開していきたいと思っている。

差別に出会った時に「差別はいけない！」と大きな声でいうだけでは、部落問題をはじめとする差別をなくしていくことにはならない。差別をなくしていく様々な解決の方法、具体的行動を子どもたちと多様に考えていく人権教育を展開していくことがこれからの萱野小学校の責務だととらえている。地域とともに「差別を乗り越える」子どもの育成、学校文化の構築を萱野小学校は地域とともに進めていこうとしている。

5　学校と地域のつながり

地域の中でつながる子どもたち

松原市立松原第七中学校

❶「地域のお祭り」は子育ての場

（1）合言葉は「夢・地域・共に生きる」

「水餃子いかがですか」中学生の大きな声が聞こえる。毎年十一月に行われる「松原七中校区国際文化フェスタ（以下、フェスタ）」での一場面だ。今年（平成二十八年）で二十二回目を数える、松原七中校区の教育コミュニティづくりの象徴ともいえる「地域のお祭り」である。子どもたちはもちろん、大人たちにとっても

松原市立松原第七中学校

大阪府南河内地域に位置し、全校生徒約300名。地域と共に教育コミュニティづくりに取り組んできた経緯があり、「国際文化フェスタ」はその象徴的な取組となっている。多文化共生教育、地域に根差した生徒会活動、「人間関係学科」の研究開発など、その取組は多岐にわたっている。

大切なイベントであり、中学校の運動場に毎年四千を超える人たちが集まる。合言葉は「夢・地域・共に生きる」である。

松原市立松原第七中学校（以下、松原七中）は、昭和六十年に開校し、今年で創立三十二周年を迎えることになる。市内では最も新しい公立中学校であり、伝統がないため、地域とのつながりが弱くなりがちな背景を持っているとも言える。そのため、「松原七中校区」としてのまとまりを生み出そうと、教職員が中心となって、教育コミュニティづくりに取り組んできた。

（2）顔の見える関係に

松原七中校区地域教育協議会には、幼稚園、小学校、中学校はもちろん、子ども会や青少年指導協力員、防犯協議会など、松原七中校区の子育てにかかわる団体が多数参加しており、学校と地域が協働する子育ての取組やボランティア活動を行う母体として組織されている。特にフェスタは、地域を上げての大イベントとなっており、その成功に向けて共に取り組むことで、学校と地域が互いに「顔の見える関係」になっていくのである。

図１　「フェスタ」の様子

松原七中校区のフェスタには「食」「遊び」「文化」の三つの部があり、地域の子育てにかかわる様々な団体が、それぞれに趣向を凝らして参加する。例えば、校区の保護者による水餃子のお店や中学生のミルクせんべいのお店、地域の方々による射的やシルバーの方々による昔ながらの手作りおもちゃなど、バラエティに富んでいる。また、市内の高校や大学、病院などからもいろいろな形での参加がある。

フェスタの花形である舞台では様々な発表が行われる。松原七中吹奏楽部のファンファーレにはじまり、保育所の子どもたちによるかわいらしいダンス、小学校の日本語教室である「チャオリャン教室」の子どもたちによる龍舞、小学校の学年全員による大迫力のソーラン節、そして、広島修学旅行で学んだことの発表と平和の願いを込めての大合唱など、子どもたちが学校教育の中で学んだことを地域の方々に発表し、その成長を見てもらう大切な場ともなっている。

図２　日本語教室の児童による龍舞

（３）中学生が大活躍

そんなフェスタは、地域の中で「子どもたちが育つ場」としての機能を持っている。フェスタを続けるうちに、「スタッフとして参加したい」という機運が中学生の中に高まってきた。そこで、「ボランティアスタッフ」として中学生を募り、運営側として位置づけたことで、「地域の子ども自身が地域を創る」という形ができあがった。出店やボランティアなど、総勢百名もの中学生がスタッフとして活躍をする。

「エコスタッフ」は、運動場のゴミを収集する。地味な仕事ではあるが、そんな中学生の下支えにより、松原七中の運動場は毎年、驚くほど美しく保たれる。「バザースタッフ」は、松原七中生徒会が中心となって、保護者をはじめとした地域の方々から集めた物品でバザーを行っており、収益を東日本大震災への復興支援として寄付している。「おまっちゃスタッフ」は、地域の茶道の先生に指導を受けた中学生が着物を着て、フェスタに来られた方々をおもてなしする。松原七中には、生活にゆとりがなく、着物やお抹茶など、日本の伝統文化にふれる機会がなかなか持てずにいる子どももいる。フェスタが文化的な学びができる貴重な場となっているとも言える。ほかにも「遊びの部」の手伝いをする「プレイングスタッフ」、舞台の裏方「ステージスタッフ」など、子どもが大人に混じりながら、共にスタッフとして活躍できる仕組みができている。

地域の方々は「中学生の働きがなければフェスタの成功はない」と考えているし、中学生は楽しみながら、「地域のお祭りの成功に一役買った」と達成感を得ているのである。そんな子どもたちが将来的に松原七中校区に帰ってきたときに、地域を創る担い手となることが期待されている。

❷ 多文化共生をめざして

（1）一人の子どもを教職員全員で育てる

松原七中校区には、中学校の敷地に隣接するように府営団地が広がっており、かつての旧満州から帰国されてきた中国残留孤児・婦人が優先的に入居されたという歴史がある。現在も複数の家族やその親戚の方々が生活をされており、その子どもたちが、松原七中に在籍している。また、グローバル化により、中国だけでなく、タイやフィリピンから移り住んで来られることもあり、まったく日本語を話すことができない、もちろん書くこともできない子どもが突然転入してくるということがある。そんな地域的な背景もあり、多文化共生教育を中心とした人権教育と集団づくりを実践の柱に据え、外国にルーツのある子どもをはじめとした様々な背景を持った子どもたちが、いきいきとできる学校づくりをめざしてきた。

校内に設置している「日本語教室」（現在は母語も学習しているので「インターナショナル・スタディーズルーム」と名前が変わっている）では、外国にルーツのある子どもたちへの個別支援を行っている。日本語の習得を柱としながらも、忘れていく母語や、母国の文化の学習を大切にしている。ときには神戸南京町や生野コリアタウンへフィールドワークに出かけることもある。また、日本社会になじめず、悩みを抱えた保護者への支援も日本語教室の大きな役割である。松原七中ではこのような個別支援のスタイルを開校当初より大切にしてきた。それが現在の不登校生等へのきめ細かな支援や、支援学級である「咲くらんぼ学級」の様々な取組のベースとなっている。また、一人ひとりの子どもの情報を学校全体で共有し、保護者を含めて、様々なかかわりを複数の教職員で持つようにしている。「一人の子どもを教職員全員で育てる」これが松原七中の「学校文化」である。

（2）外国にルーツのある子どもとその保護者を囲んで

冒頭で紹介したフェスタで水餃子の売り子をしているのは、実は、この日本語教室に在籍する子どもたちで、保護者のお店を手伝っている様子なのだ。松原七中の教職員になると水餃子づくりを学ぶことになる。というのもフェスタ当日に向けて、事前に調理室で水餃子を仕込むのだが、その作業を私たち教職員もいっしょに行っている。皮を小麦粉から作り、白菜、ネギ、セロリをひたすら包丁で刻む。「今年もフェスタが近づいてきた」という実感が、この仕込み作業を通して湧き上がってくるのである。

松原七中の開校当初は、地域や学校の中で、中国との文化の違いや言葉の理解の面などによるトラブルもあったという。自国の文化を肯定できず、自信をなくし、孤立してしまう子どももいたようだ。「自分らしくありのままに生きてほしい」「お互いの『ちがい』を認め合える豊かなつながりをつくりたい」松原七中校区のフェスタに「国際文化」の看板を掲げているのは、そのような経緯があってのことだ。水餃子の試食会では「この餃子、私が包んだんやで」と、自慢げに話す子どもがいる。家で手伝っているのだろうか。とても上手に包むのだ。そんな意外な一面にも出会える。ともすれば、地域や社会において孤立しがちな、外国にルーツのある子どもの保護者たちと共に過ごす、この「なごやかな雰囲気」に、この取組のよさがあると実感として共有している。

（3）多文化共生を自然なものに

こんな話がある。日本にはお弁当の文化が当たり前のものとしてあるが、中国にはその文化がなく、作り方が分からずにいた保護者がいたという。お弁当のおかずが餃子だけということもあり、そのお弁当を「隠して」食べていた子どもが、かつていたという。そんな子どもがフェスタで、地域の方々に「おいしいなあ」と声をかけられることで、だんだんと元気になっていったのだ。

松原市では、小中学校に通う外国にルーツのある子どもたちを集め、夏休みに「国際交流キャンプ」を行っている。このキャンプでは、外国にルーツのある子どもが「日本にルーツのある」学年の仲間を一人だけ連れていくことになっており、お互いが支え合えるそんな仲間づくりをめざした取組となっている。ある年のことだが、このキャンプにいっしょに参加した仲間が、いつのまにかフェスタに向けての餃子づくりに混じっていることがあった。そんなことが子どもたちの中で自然とできるようになっていれば、多文化共生が浸透している証と言えるのではないだろうか。

❸ 地域づくりの「主体」としての子ども

(1) 地域とつながる生徒会活動

松原七中と地域とのつながりを考える上で外せないものがもう一つある。それは生徒会の活動である。松原七中の生徒会は、地域の中で子どもどうしがつながっていく上で、大きな役割を担っている。その代表的な取組が、夏の「涼もう会」、冬の「HOT×ほっと会」であり、中学生が地域の幼稚園や保育所、小学生を中学校に迎え、手づくりの遊びで子どもたちを楽しませる。

それにしても、今年の「HOT×ほっと会」は例年以上の盛り上がりを見せていた。ある日の職員打ち合わせで、生徒会担当からこんな言葉が投げかけられた。「これまで以上に、子どもたちが、つながりを感じられるような出し物を委員会で考えさせてほしい」。この言葉を受けて、ある委員会では、例年、太鼓を叩くテレビゲームを用意していたものをやめて、福笑いを手づくりし、子どもたちと一緒に楽しめるような遊びをすることにした。また、マンガを置く代わりに絵本を置いて、親子で読み聞かせができるようなブースを設置した。こうするこ

図3 「HOT×ほっと会」での餅つきの様子

とで、自然に人と人がふれあい、「つながり」合える仕掛けができた。また、PTAと校区の小中学校の教職員が無料で食べ物を提供している。フランクフルトに加え、夏にはそうめん、かき氷、冬には焼き芋、そして地域の方にお世話になっての餅つきなど、学校、地域、保護者が協働で行う仕組みができあがっている。

この取組では、中学生が自分より年齢の低い子どもたちの面倒をよく見ている。来てくれた地域の子どもたちには、中学生のその姿を見て、「あんなお兄ちゃんお姉ちゃんになりたい」という気持ちを持たせたい。そして、その子どもたちが中学生となり、「次は自分たちが楽しませる番だ」と考えるようになることが期待されている。

(2) ボランティアが子どもを成長させる

松原七中の生徒会では、前述のバザーをはじめ、東日本大震災復興支援募金、書き損じはがき回収、エコキャップ運動、校内の花植えなど、ボランティアも活発に行っている。その中でもユニークな取組として記憶にあるのが「おそうじサンタ」だ。ある年の十二月に「府営団地の中にある公園にゴミが散乱している」という通報が松原七中に寄せられ、生徒数名を巻き込んで、いっしょに公園まで掃除に行った。翌年、「楽しみながら校区の公園の清掃活動ができないか」という声が上がり、「日頃お世話になっ

図4　おそうじサンタの様子

ている（ときには迷惑をかけている）地域にクリスマスプレゼントをあげよう！」ということで、「おそうじサンタ」の取組が生まれた。そこに「やるからにはとことん楽しみたい！」という教職員の「あそび心」が加わった。子どもたちがサンタの衣装を身にまとい、頭にトナカイのカチューシャをつけ、ツリーに見立てて飾り付けをした緑色のペール缶を引き、クリスマスソングを流しながら清掃活動を行うことにした。これには子どもたちもノリノリで、校区の幼稚園の横を通るとき、楽しそうに（不思議そうに）見ている園児の姿を覚えている。そしてうれしいことに、公園で遊んでいた小学生たちが自然に手伝ってくれたのだった。

さらにこんな活動もした。あるとき、公園の掃除用具倉庫に落書きがされており、殺風景に感じるという意見が子どもたちの中から出された。そこで、倉庫の壁面に「小さな子どもたちが楽しめて、安心できるような壁画を書けないか」と考えた。松原市に問い合わせたところ、許可が下りたため、子どもたちがデザインを考え、実際に壁画の完成までやり切ることができた。「ぼくもわたしもパイオニア」と名付けたこの活動では、子どもたちが大きな達成感と喜びを得ることができた。

ボランティアの中で子どもが見せる顔は、普段の学校生活で見せるそれとは違ったものとなる。ある子どもの話だが、彼は学校の授業や部活動の中では、なかなか活躍できないでいた。しかし、彼は中学校での三年間、欠かさず、すべてのボランティアに参加していた。ボランティアこそ、彼

図5　子どもが考え、制作した倉庫の壁画

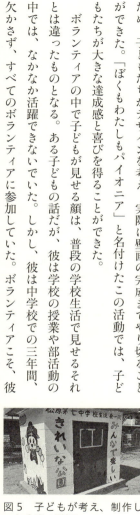

が活躍できる場だったのだ。これは、私たち教職員の「子どもの見方」を変化させるきっかけとなった。彼のがんばりが卒業前の生徒集会で表彰されたとき、誇らしげな顔をしてみんなの前に立っていた。授業やテストなど、いわゆる勉強だけではない「多様な評価軸」によって、たくさんの大人から認められることで、子どもたちは自分らしさを発揮しながら大きく成長していくのだ。

（3）「主体性の育成」が課題

「フェスタは何か起こったときの炊き出しの訓練にもなる」地域教育協議会の会長の言葉だ。普段から当たり前のように協働していれば、何か起こったときも、きっとつながれる。大人だけでなく、中学生もその練習を、ボランティアをはじめとした様々な活動を通して、自然と行っていると捉えたい。東日本大震災の直後、全国からたくさんのボランティアが被災地に向かった。しかし、被災地の外からだけでなく、被災した身にもかかわらず、自ら復興のために立ち上がり、尽力された現地の方がたくさんいらっしゃることが報道された。中でも目覚ましい活躍を見せたのが、現地の中高生だったという。若い世代が「何か自分にできることはないか」と考え、動いたその姿が、被災された多くの方々を勇気づけた。子どもの力を信じ、任せてみること、子どもの「主体性」の大切さを改めて考えさせられるものである。

「主体性」の育成。これこそ、松原七中の課題である。しかし、子どもの主体性を育むには、「基本的信頼感」とでも言うのか、ベース（土台）となるものが育っていることが必要だという実感を共有している。小さなときから家庭や地域の中で見守られて育ってきた子どもは、基本的に大人のことを信頼している。そんな子どもたちが、逆に大人から頼られ、役割を任されることで、自分の存在意義に気づき、主体性が育まれていくのではないか。その点、松原七中の子どもたちには、このベースが自然と育っていると言えるし、この土台によって松原七中の教育は支えられている。最後に、次の一手が私たち教職員に委ねられていることを確認し、取組のさらなる発展と深化をめざしたい。

図６　生徒会のスローガン

5 学校と地域のつながり

「だんだんカンパニー」を通した学校と地域のつながり

島根県立横田高等学校

黄金色の稲穂が眩しい。島根県奥出雲町でも九月は稲刈り作業が最盛期を迎える。横田高校2年生社員（生徒）が取り組む仮想会社「だんだんカンパニー」の仁多米「はで干し」（天日干し）作業が秋晴れのもと行われた。農村に暮らす社員たちではあるが、「はで干し」はほとんど初めての体験である（近年は機械乾燥が多い）。慣れない作業に戸惑いながらも、田んぼを提供していただいた若槻保さんの指導のもと一斉に取り組んだ。「はで干し」は人手がかかる。農家の苦労を社員たちは改めて感じたようだ。「だんだんカンパニー」ではこ

島根県立横田高等学校（全日制普通科）

大正８年郡立農学校として開校。平成31年に創立100周年を迎える。生徒数277名。全校生徒の約95%が部活動に加入しており、剣道部、陸上部は県内トップレベル、ホッケー部は23回の全国制覇を誇り、多数のオリンピック選手を輩出している。

の仁多米を東京で販売する。社員のほとんどが毎日食べている仁多米、これまでその値段を気にすることもなかった。その仁多米に値段をつけ販売しようというのである。その時に気づいたことは、仁多米は東の魚沼産コシヒカリと並ぶ西のブランド米であるということ。そこで設定した価格が1キロ1000円。これを高いとみるか、安いとみるか。そして、社員たちは東京の消費者に、仁多米の価値を果たして伝えられるのか。

右の文章は、横田高校「だんだんカンパニー」仁多米部門の記事(『コーディネーター通信』)の一節である。「だんだんカンパニー」は、「横田高校魅力化事業」の中の一つの活動であり、活動内容も仁多米部門のほかにブルーベリージャム部門・地域研究部門・奥出雲学・キミチャレ等がある。これらの活動は学校(生徒)と地域の連携を図るとともに、そのつながりを生かし、生徒の変容や成長へと結びつけていくことをねらいとするものである。この活動を横田高校の現状と「魅力化事業」の背景を踏まえつつ紹介してみたい。

はで干し

❶ 横田高校の現状

横田高校の目指す学校像は、奥出雲町唯一の県立高校としての使命を常に自覚し、生徒一人ひとりのニーズや抱える課題を把握しながら、生徒・保護者及び地域の要請や期待に応えられるような教育活動を教育目標『耕心培学』のもとに、学校全体で展開するというものである。現在、地元中学生の70％が入学し、全校生徒の90％を占める。ここ五年間の進路先は、国公立四年制大学20％、私立四年制大学30％、短期大学・専門学校30％、就職20％と多岐にわたる。このような多様な進路希望と学力差の大きい中で、一人ひとりの生徒にとって必要な学力とは何かということを常に考えながら、学校経営、学校運営に取り組んでいる。

❷ 魅力化・活性化事業の背景

全国的な少子化の中で、特に本県の中山間地域では生徒の減少が著しく、学校の統廃合、学級減を余儀なくされている。こうした中で平成23年度より、県内8校で「離島・中山間地域魅力化・活性化事業」が始まった。これは、学校がそれぞれの地域の教育力を生かしつつより魅力ある学校づくりを行うことによって、ふるさとの未来を担う人材の育成を図ることを目的とし、さらにその魅力を県内外に発信し生徒募集につなげようというものである。

横田高校は、平成12年度まで一学年5クラスであったのが、平成13年度より一学年4クラス、平成26年度より一学年3クラスとなった。こうした中で、学校はもとより地域全体がさらなる学級減、ひいては統廃合への危機感を募らせ、この事業を積極的に推進していこうとの気運が高まった。横田高校は平成31年に創立百周年を迎える。このため、地域には、町行政機関を始め企業、PTA等に多くの卒業生がおり、これまでも様々な形での協力を得てきた。さらに奥出雲町に魅力を感じ、UIターンで定住している方々からも本校への協力の申し出が数多くあった。こうした多くの地域の人材や教育力を結集させ、さらには奥出雲町の豊富な地域資源と結びつけて学校と地域を活性化させ、より魅力ある学校と地域にするために本事業はスタートした。

❸ 横田高校魅力化事業

こうした背景を踏まえ、本事業を「学校後援会」(奥出雲町・卒業生会・PTA:会長勝田康則町長)の支援の下、次の三部門を中心に展開することとした。それぞれの目的と活動内容は次の通りである。

①学力向上:奥出雲町の未来と医療、福祉、教育、農業等持続、発展的な地域を実現するための人材を育成する教育環境を構築する。

・1年次3クラスを2、3年次はコース制(総合コース・進学コース)の4クラス編制とした少

人数指導
・教育課程の変更（商業科目導入・選択授業増）
・特別講座（7限に進学コースは授業・総合コースは資格取得講座等）を実施
②地域創造：地域と学校が組織的に連携・協働する体制を構築する。
・だんだんカンパニー　・奥出雲学　・キミチャレ　・地域中高合同講演会
・奥出雲町バンドフェステバル（地域小中高音楽祭）
③競技力向上：高校と地域の連携によりホッケーを中心とした重点競技（剣道・陸上・吹奏楽）の強化を図り、県内外から競技能力と意欲の高い生徒を募集し、常に全国レベルの競技力と「ホッケーの町奥出雲町」を維持、継続する。
※ホッケー部は、これまで23回の全国制覇（H28．1月現在）を成し遂げている。昭和57年島根くにびき国体を契機に創部し、その後、学校と地域・町行政が一体となり、今日の全国トップクラスに育て上げてきた。まさに地域と学校が一体となった成功例である。

❹だんだんカンパニー

※「だんだん」とは出雲方言で「ありがとう」の意

「だんだんカンパニー」は平成22年度に仮想会社として設立し、2年生総合コース（就職・専門学校進学希望）の生徒が社員となって、本来普通高校では体験できない製造から販売までを会社組織の形態で行う取り組みである。平成26年度より1年生全クラスを準社員とし、平成27年度からは2年生進学コースの生徒も社員とした。その組織と活動は下図の通りである。

（1）1年生（全クラス）

奥出雲学：地域を学びのフィールドとして位置づけ、奥出雲で生きる人々の職業観や地域資源を学ぶ取り組みである。下図の通り、講義や取材活動を通した学びは、2年次の「だんだんカンパニー」の基礎となる。

キミチャレ（キミにもチャレンジしてほしい）：県内で活躍する若手社会人が自らの進路選択や高校時代を語ることにより、生徒自身のコース選択や将来に向けての明確なビジョンをもつ機会を提供するもので毎年延べ20名ほどの社会人とともに語り合う。

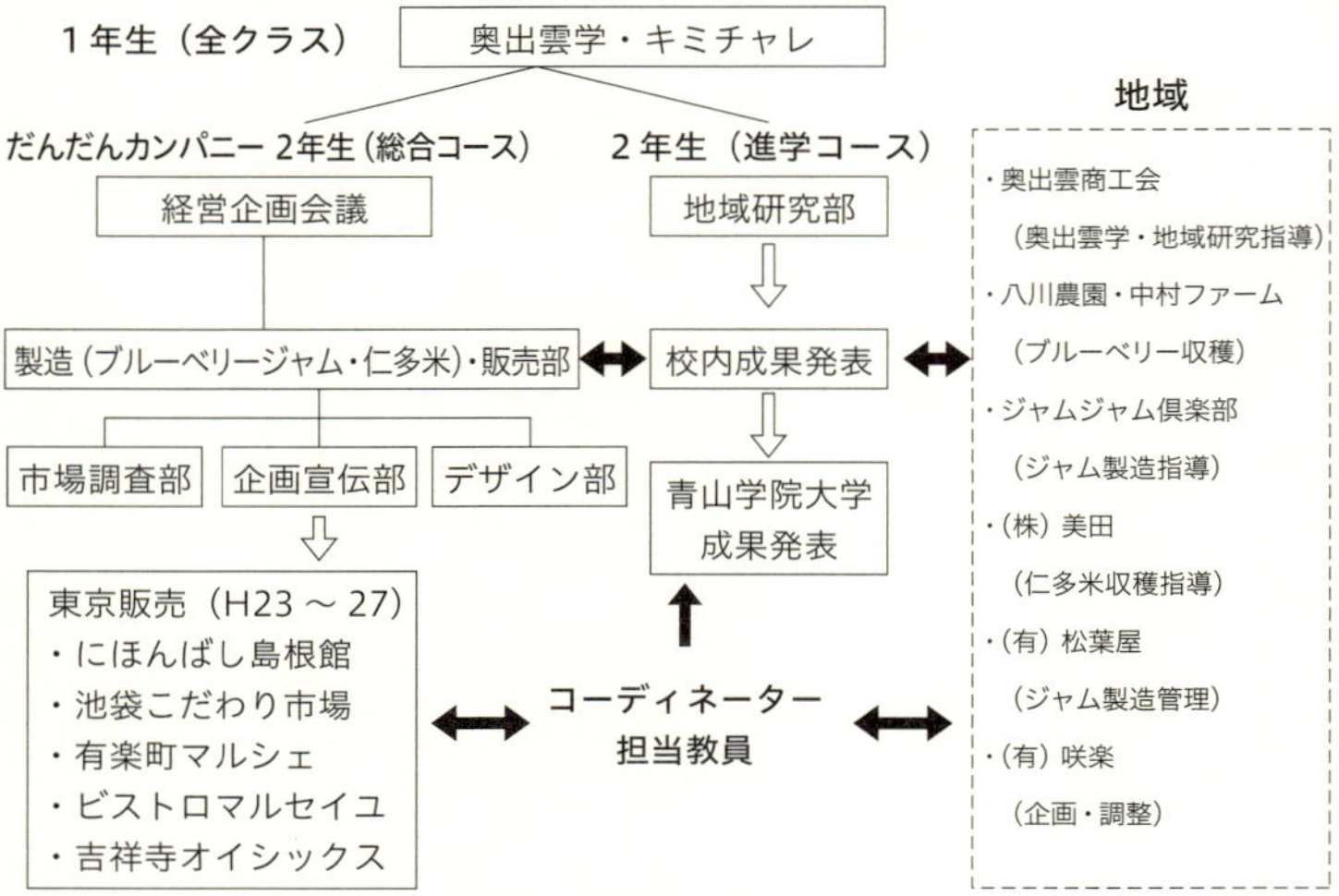

だんだんカンパニー　組織・展開図

（2）2年生（総合コース）

だんだんカンパニー（ブルーベリージャム・仁多米部門）：「魅力化事業」に先駆けて平成22年度「奥出雲町活性化のプランニング業務を行うコンサル会社」として起業。町の産業・歴史・文化等を学び、農業・製造・観光・行政・広報分野で調査研究、企画会議を経て奥出雲町活性化のプラン作成を行い、町議会において成果発表を行った。これをもとに、平成23年からブルーベリージャムの製造販売に着手した。この活動はただ単にジャムを製造して販売するだけではなく、企画や市場調査等の部署を置き、会社組織として運営するものである。この会社を起業・運営するにあたっては山内祥弘氏（奥出雲町地域再生マネージャー・経営コンサルタント）の力によるところが大きかった。山内氏の起業コンセプトは、

年度	奥出雲学活動内容
H 22 ～ H 25	・奥出雲町の歴史（神話）・文化や魅力等についての講演、講義 ・パンフレット製作
H 26	・地元企業、商店（24 社）への取材、調査　PR ポスター製作
H 27	・地元企業、商店（19 社）への取材、調査ポスターセッション

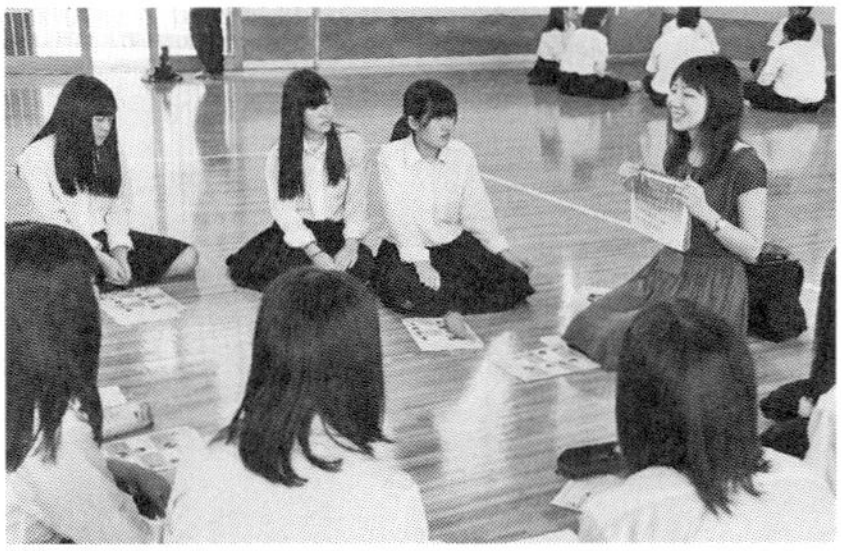

キミチャレ

現在日本の教育は、受験という軸で行われているため、企業側から見た時一番大切である「自

分で考える」「自分の自主性で行動する」訓練の場がほとんどない。一方、大学に進学しない生徒は、学ぶ目標を失いがちになる。そこで、だんだんカンパニーという疑似会社員の活動を通して、一つの企業でも様々な仕事があることを知り、その中で、仕事をする上において「部門内及び部門間コミュニケーション」の重要さに気づかせ、その前提にある社員一人ひとりの自主自立の重要性にも気づかせ、翻って「これ以降の高校生活の充実」を狙いとして企画した。

というものであり、この理念のもとに山内氏自ら社員研修を行い現在の活動に至っている。また、Iターンで町商工会職員であった松崎百合子さんにも学校と地域とのコーディネーター役とともに、社員研修講座の講師をも務めてもらった。各年度ごとの活動と社員研修講座は表のとおりである。

社員研修と並行して、ブルーベリーと仁多米の商品化に向けての作業を行った。ブルーベリー部門では地元農園の無農薬栽培のものを収穫・買い取り・加工。仁多米部門では学校近くの

<table>
<tr><th>年度</th><th>活動</th><th>社員研修講座</th></tr>
<tr><td>H 22</td><td>奥出雲町活性化のプラン
町議会で成果発表</td><td rowspan="4">・だんだん Co の概要
・地域資源について学ぶ
・会社とは何か
・会社と組織について
・会社の維持、運営について
・マーケティングと販売
・組織で仕事をするには何が重要か
・事業総括</td></tr>
<tr><td>H 23</td><td>ブルーベリージャム製造
東京販売</td></tr>
<tr><td>H 24
H 25</td><td>ブルーベリージャム製造
東京販売と町内製品（えごま・味噌）を委託販売。</td></tr>
<tr><td>H 26
H 27</td><td>ブルーベリージャム・仁多米製造　東京販売</td></tr>
</table>

田んぼを借り受け、田植え、夏の草取り、稲刈り、はで干し作業（普通高校のため日頃の管理は所有者の若槻さんのお世話になった）を行い、ジャムは無農薬無添加商品として、米は減農薬天日干しのものとして付加価値をもたせ、市場調査をもとに生徒たちが価格を設定し東京販売を行った。

最初は不慣れな大都会で、生徒たちは何をすればいいかわからず、声を出すこともできずに戸惑う。どうすればいいかは生徒たちに任せ大人は口出しをしない。行き交う忙しいサラリーマンや主婦たちは声を掛けても見向きもしない。しかし、生徒たちは次第に積極的に売り込みを始める。大きな声でアピールし、中には歌を歌って売り始める生徒も出てくる。こうした、地域のものや人を活用し起業し、その製品を東京に売り込む経験は、自分が地域の一員であることを意識できるとともに、自信や達成感を得ることにつながる。

東京販売

（3）2年生（進学コース）

だんだんカンパニー（地域研究部門）：1年次の奥出雲学をもとに自らテーマを設定し、インタビューやフィールドワークを通じて地域資源や地域課題に関心をもち、探究心やプレゼンテーション能力を養うことをねらいとし、青山学院大学にて成果発表を行なった。平成27年度のテーマは「神話と歴史」「たたらの刻まれた歴史」「仁多米の秘密」「地域医療の現状」「幻のそばとスイッチバック」「地域振興・少子高齢化」であった。

(4)「だんだんカンパニー」を終えて

この活動を通して、生徒たちは現実に沿った経済を学びつつ、実体験として地域農産物の生産・加工・販売を行い、地域資源・地域社会への理解を深め、ふるさとや職業に対する意識の向上につながった。また、地域資源の価値をどのようにして伝え販売するかを模索することにより、問題解決能力、自発的・創造的な学習態度の育成を図ることができた。その一方で、生徒を指導・監督する教員及び地域の方々は、日頃学校や地域では見られない生徒の様子や活動を通して目に見えて成長していく新たな生徒の一面を見ることができた。

地域からの協力、支援この活動が今日に至るまで充実、発展しつつ継続してきたのは、地域の協力と支援があったからこそである。起業時からの山内、松崎氏に加え、元商工会の岡田篤志氏、町づくり会社の内田咲子さん、奥出雲町地域振興課の皆さんには企画、運営にあたって全面的にアドバイザーとして関わるとともに研修講座の講師、収穫等の指導にあたっていただいた。年ごとの、「奥出雲学」の取材協力の企業・商店、「キミチャレ」の若手社会人の皆さん、ジャム製造指導の婦人会の皆さん、その他多数の方々の協力、支援を受けてきた。さらに平成26年度には「学校後援会」

から本宮理恵さんが、平成27年度には奥出雲町から長谷川由樹さんがコーディネーターとして学校に配置された。この配置により学校と地域、町行政との連携がますます深まると同時に、「コーディネーター通信」やホームページ、学校案内等によって積極的な学校の魅力の発信がなされ、毎年5～10名程度の県外（関東、近畿、中国）からの入学生へとつながってきている。

❺「だんだんカンパニー」の成果と課題

学校と地域の連携によって、生徒たちは高校在学時から地域と関わり、地域に課題があることと地域に可能性があることを学んできている。その効果は、将来、地元の活性化を仕事にしようとする生徒、地域活性化に関わる活動を評価されAO入試で進学する生徒、進学先でもその視点で研究を続けている卒業生といった形で現れてきている。また、他地域の大学に進学した卒業生たちが町内のイベントの運営に協力するために母校に集まるようにもなった。さらに、高校生だけでなく地域住民も高校の活動をサポートすることで、地域の問題に積極的な姿勢をもち始めてきている。しかし、その一方で、学校現場では、学級減に伴う教員定数減による教員の負担増、魅力化事業の諸活動と授業時数とのバランス等の課題もある。奥出雲町には有り余るほどの地域の教育力や協力体制がある。今後より一層地域の力を機能的、効率的に結実させる体制を構築し、課題を乗り越え、さらなる発展を目指したい。

生　徒	地　域
・忙しい中インタビューを受けてくださり、困っていると話題を作って助けてもらいました。そんな大人になりたいと思いました。**(奥出雲学)** ・町の人が高校生や若い世代に求める思いや地域の課題を知った。それをプレゼン技術を磨いて伝えたい。**(奥出雲学)** ・私たちは地域の人に育てられている。就職先ややりたいことが身近な人を通して見つかることもある。地域の中での自分の役割、どういう人間になるか、自分の中で何になりたいかもう一度問いかけたい。**(キミチャレ)** ・販売するということはこんなに難しいものなのかと身をもって体験できた。奥出雲のことや自分たちが実際に収穫からやってきたことなどを伝えて、買ってもらったときの喜びはとても大きかった。進路選択に生かしたい。**(東京販売)** ・大学生から「島根に行ってみたい」「高校生がこんなすごいプレゼンをすると思っていなかった」と言われたことにうれしさと達成感を味わった。**(地域研究)** ・最初は「奥出雲町に住んでいないからこの地域を調べてもなぁ」と思いながらやっていたけれど、調べていくうちに奥出雲が抱えている問題はどの地方でも当てはまることに気づいた。自分の住んでいるところだったらと考えながら学習することができた。**(地域研究)**	・Ｉターンして最初に関わったのが「だんだんカンパニー」。郷里の高校生に比べ、横高生は素直で純朴な印象を持ちましたが、一方で活動を通して、受身で消極的な面も見えました。型にはまらなくてもいい、失敗してもいい、とにかく「自らの考えで動き、検証する」ことを重視してサポートしてきました。この活動を通して成長していくことを願っています。**(松崎百合子さん)** ・高校生に感謝。学生の気持ちにまた戻った。頑張ろうという気持ちになった。高校生活で何が楽しいか、なかなか自信を持って答えてくれる生徒は少なかった。学ぶことをもっと楽しんで。その経験があればあるほど社会に出て頑張ることができる。**(キミチャレ講師)** ・高校生たちのプレゼン力や地元を愛する心に感心しました。それぞれにただ自分が興味があるからという理由だけでテーマ設定をするのではなく、何を目的として行うのかという点をしっかりと押さえて研究されていました。どのグループも奥出雲町の現状や魅力を少しでも多くの人に知ってもらい、地域を活性化させようと考えているようでした。こうした活動を通して生きていくために必要な問題解決能力を養うことができるのだと改めて学びました。私も奥出雲に足を運んでみたくなりました。**(青山学院大学生)**

6 学校と学校のつながり

子どもの確かな育ちを共有する保小のつながり

田川市立金川小学校

❶「就学前実態調査」からみえてきたもの

1990年の福岡県同和教育実態調査の結果、本校の課題は「低学力の克服」「肯定的セルフイメージの育成」「家庭・地域の教育力の向上」であると捉え取り組みが始まった。学力保障は、まず授業改革ということで、定数の有効活用や授業形態の工夫、評価活動の工夫等に着手し、毎年落ち込みが見られた3年生の算数科を中心に取り組

田川市立金川小学校

福岡県の筑豊旧産炭地田川市の北に位置し、児童数は359名で15学級（特別支援学級三）。校区は、農村地区と炭坑の改良住宅、市営団地と新興住宅地に囲まれ、県下でもいち早く同和教育推進教員が配置された。子どもは素直で純朴だが、コミュニケーション力や継続的に問題に取り組むこと、さらに自己認識力に課題がある。様々な生活背景をもつ子ども達の自己実現に向けて、学校だけではなく地域や保護者、そして校区内の保育所や中学校と一体となった協働教育を柱としている。

みを始めた。しかし、次のグラフからも分かる様に数字として　その成果はなかなか表れてこなかった。「45の壁」（NRT学力検査）と言われた時代が2002年まで続いた。そこで子どもの具体的な姿からどう授業を変えていけばいいのか、生活習慣や学習規律をどう組み立てていけばいいのかについて検証軸の子ども（本校では「柱の子」と呼び、学力低・中・高位を検証対象とし、手だての有効性を検証する）を設定し、より深くみていくことを学校全体で確認していくようにした。また、問題解決の場面で粘り強く取り組むことが苦手であり、自己認識力や自己評価能力も低い傾向がみられたので、スモールステップによる成功体験や自己選択・自己決定による達成感・成就感を味わわせる授業改革、さらに低学年においては個に応じた少人数学習にも取り組んだ。また学校だけでなく、子ども達にとって重要な他者である家庭や地域が協働して教育支援や教育環境の整備に努力したことは言うまでもない。この結果NRT学力検査の結果は2002年から上昇に転じ、授業改善の成果が数値として表れるようになった。しかし、学力偏差値は上昇に転

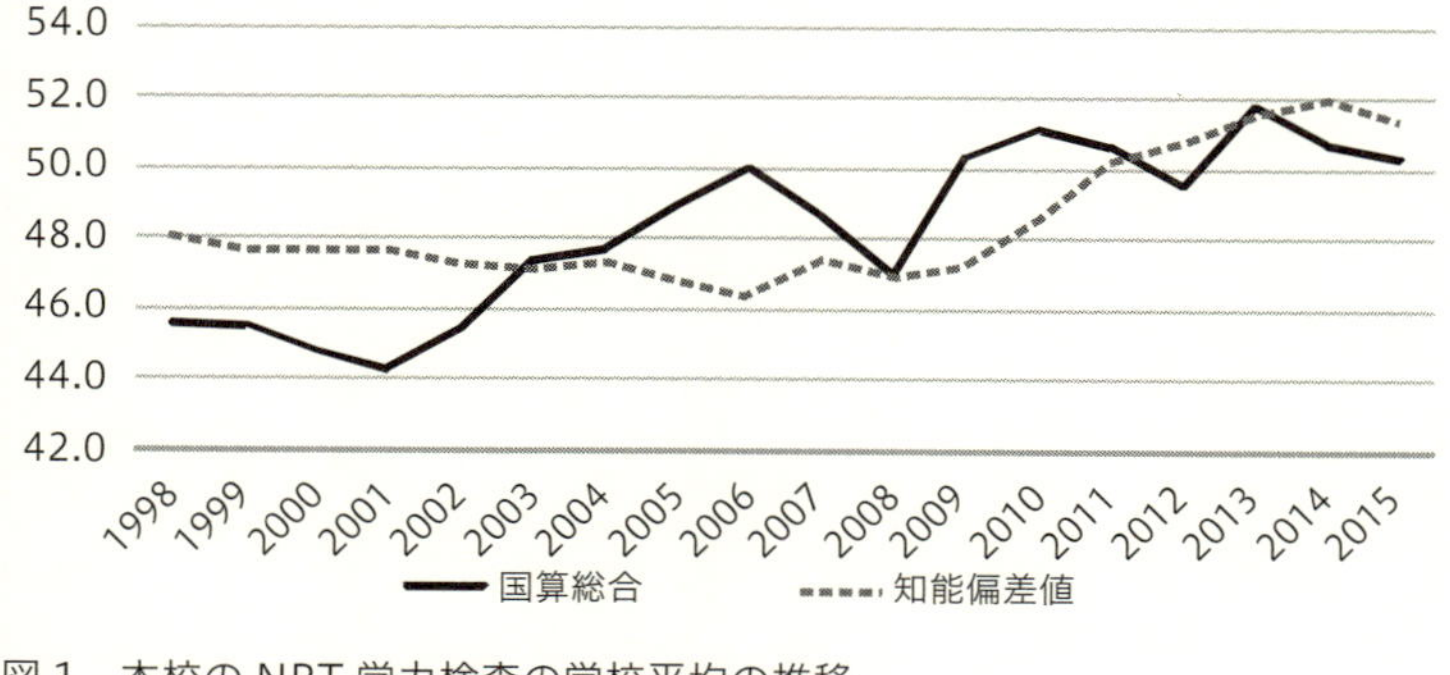

図１　本校の NRT 学力検査の学校平均の推移

じたもの、入学間もない児童（2年生）の学力期待値（知能偏差値）は下がり続けていた。「席を離れてまわる」「教師の指示が通らない」などの児童が目立ち始めたいわゆる「小一プロブレム」と呼ばれた時代である。「海を見たことがない」「おつりってなに？」など、入学前までに必要な自然体験や生活体験が欠けている、また保護者の価値観が変容しているなど、担任から何となく感じられる子どもの実態が聞かれていた。

そこで、校区内3つの保育所と連携し、就学前の家庭の教育状況をアンケート調査することにした。お絵かきやままごとなどの操作体験、あいさつやおしゃべりなどのコミュニケーション体験、子どもの生活実態や保護者の養育態度などについて52項目の記名式の質問紙である。さらに回答結果は、入学後の4月と12月に、担任や加配教員が児童一人ひとりに口頭で学力を査定（26項目：本校では「みとり」と言う）し、SPSS（学力との相関分析ソフト）を使って相関関係を分析した。その結果、児童の体験については「お絵かき」「ままごと」「トランプ」が、児童の生活については「朝食」「睡眠時間」「あいさつ」が、保護者の養育態度については「絵本の読み聞かせ」「ほめること」が、学力との相関があることが当時の実態調査（年度によって変わる）で明らかになった。これまで担任が何となく感じていた児童の経験や生活背景、そして保護者の養育態度が、学力との相関があることが明らかになり、データとして裏付けられた。

❷ 課題を共有し合う「保小中連絡会」

就学前実態調査の結果を多面的に分析するため、校区内3つの保育所と中学校を含む「保小中連絡会」が2002年に発足した。これまで何となく感じていた子どもの生活実態が一人ひとりの個別データをもとにした生活背景と重なり、より具体的な論議へと発展していった。会議の中で論議されたことは、授業づくりや保育内容づくりに生かされていく。小学校1年生算数科「引き算」の授業研究会で「ちがいはいくつ？」という発問に対して、参観者の保育士から「うさぎとたぬきのちがいといった質のちがいを聞いたことはあっても、数としてのちがいを聞いたことはない」との指摘を受けたのは衝撃的だった。教科書の単元名が「ちがいはいくつでしょう」であり、何の疑問ももたずに引き算の学習に入っていた。それ以後、保育所では「ちがい」という言葉を、質のちがいに加え、数のちがいも意識して使うようになった。その後の実態調査の結果から、就学前にトランプをしたり、すごろくをしたり、さらに買い物をしておつりをもらったりした経験がほとんどないことが、数概念と大きな相関があることが明らかになっている。また、2年生の「長さしらべ」の授業を参観した保育士は、「遊びの中でも長さを比べたり、端をそろえたりする姿を見ることがある。今後はきゅうりの長さを比べたりするときなど意識していきたい。」と意見を述べていた。また、「とけい」の学習に入った時、なかなか時計が読めない子の生活背景に、家にはデジタル時計ばかりでアナログ時計がひとつもなかったことが分かった。そのことを知った保育所では、子どもの目に付きやすい場所にアナログ時計を置き、時計の針と数字を意識させることを保育士の間で確認し合った。校区内3保育所とのつながりは、他にも小学校教員による保育参加や参観、夏祭りや運動会の準備のお手伝い、保護者会時のミニ講演会での子育てトークなど関わりは多彩である。さらに入学後、ひらがな学習を終えた頃、卒園先のお世話になった先生にお手紙を書くなど、子ども達のつながりも大切にしている。「保小中連絡会」は現在でも年2回開かれ、就学前実態調査の結果分析やその中で論議されたことは、保育内容や遊びの中で、また保育士の日常的な声かけや接し方に影響を与えていっている。

❸ 体験不足を補填する「わくわくドッキリDAY!」

就学前実態調査の分析結果は、保小中連絡会で毎年報告され課題が共有された。その中でよく話題になるのは、急激な社会の変化は、子ども達の育ちに大きな影響を与えているということだ。コンビニが増え、携帯・スマホが普及し、核家族化や共働き家庭が増加したことは、子ども達の睡眠時間やコミュニケーション力や語彙を奪い、そして人と人とのつながりを希薄にしていった。「この子たちの体験不足はどこでうめるの?」具体的に動き始めたのは校区保護者を中心とした子育てボランティアグループ「ゆめコロリン」だった。体験不足や経験不足を遊びの中で補填していけるよう工夫し、校区内3つの保育所へ出かけていった。まず全体で「絵本の読み聞かせ」を行った後、小グループで各コーナーを回る。言語概念を意識した「しりとり」「歌に出てくるものなあに」、数概念を意識した「トランプ並べ」「パラソルチョコフィッシング」、バランス感覚を意識した「ケンケンパ」「まねっこ遊び」など、当初は12のブースがあった。毎年の実態調査の分析結果と照らし合わせ、保小中連絡会で反省点等を出し合いながら、回を重ねる毎に工夫発展していった。

金川小学校では、保護者とのスキンシップも少なくなってきたことから親子ふれあい活動と連動した取り組みへと発展していった。近年では1年生の学年委員さんが各ブースの担当になり、準備や運営に係わってくれている。まず、お絵かきや鉛筆を持つ経験を補うために「ひらがなおけいこ　かながワンコ」に挑戦した。手首が固く上手に絵を描いたり色塗りができない子どもが増えたという保育所からの提起を受け、昨年から新たに加わった。鉛筆をしっかり握って「とめ、はね、はらい」に気をつけながら犬の絵（ワンコ）を保護者と一緒に完成させていく。次は「まねっこポーズ」。代表の津田さんの動作をまねして親子でスキンシップ。「高い高い」や「ギッコンバッタン」など、2人でじゃれ合う中で、子どもは保護者のぬくもりを肌で感じ、保護者は子どもの成長を体の大きさや重さでお互いに感じ合った。

その後は各ブースに分かれて回った。3分間にどれだけの言葉集めができるかをねらった「しりとり大作戦」。時計をよみとる「コチコチとけい　いまなんじ？」。はさみの使い方や折り紙の体験をさせる

「こうさくチョッキン」。一度に0～5までの数を出せるよう指の機能訓練をねらった「すうじ　じゃんけん」など12のブースを親子で体験していく。子ども達はふり返りの中で、「おかあさんとはじめてあそんだことがおもいでになりました」「ままたちがきてくれてうれしかった」等の感想を、母親は「いつもの子どもの笑顔とはちがう〝キラキラ〟の笑顔がみれました」「我が子だけでなく他のお子さんともふれ合うことができ、私にとっても貴重な体験でした」「普段の生活で自然に身に付くものと思っていました」「肩車をした時、我が子が大きく、体重も重たくなっていてびっくりしました」等の感想を書いていた。これらの取り組みは、やがて校区内3保育所へと広がり、意識的に日常保育の場面に生かされていくようになった。

子ども達も遊びの中で楽しみながら学べるので、A保育所では独自に工夫した内容で年四回も実施している。4・5歳児が異年齢グループを作り6つのコーナー（トランプならべ、しりとり、ケンケンパ、洗濯物干しゲーム、豆つかみ、魚つり）を回る。異年齢のグループ活動なので、友だちに合わせて周りを見ながら行動する力も求められる。「○○ちゃん、わたしのうしろね」「とびぬかしたらいけんちゃ」などグループのリーダーが指示を出す。なかなか約束が守れなかった子も、遊び感覚で興味が拡がっていく各コーナーに関心を示し、ルールや順番を守ることを意識した行動がとれるようになった。「約束事をつくってしっかり意識させること」、「子どもの主体性を大切にしながら活動を進めていくこと」などの大切さも改めて実感した。

金川小学校の「わくわくドッキリDAY！」を参観した保育士は、「保護者の参加の多さに驚きました。そして親子で参加することで子どもの楽しさも学びも倍増すると思います。」「今日の様々な活動から見えてきた子ども達の姿から、園児への具体的な声かけや関わりかたを意識し、日常保育の中に生かしていきたい。」と感想を述べていた。A保育所では、小学校からの提起を受け、「入学後の子どもの姿を見通して学力の土台をつくる」という意識のもと様々な取り組みを進めている。

❹ 保小の段差を縮める「わくわくランド」と「給食体験」

小学校入学への不安感を少なくし、保小の段差を少しでも縮めていくために校区内3保育所の年長児と交流する「わくわくランド」が毎年実施されている。年長児を小学校に招待し様々なお世話を1年生に任せることで、相手意識を持ち主体的な学習の場となると同時に、年長児からは礼賛の言葉を浴び、保育士からは卒園後の成長を直に感じ肯定的な評価を受けることで、自己効力感の高まりにつながることをねらいとしている。

1年生が考えた手作りの10のコーナー（ボーリング、ナイスキャッチ、的当て、輪投げなど）を体育館に設け、年長児が小グループ毎に各コーナーを回る形で行われている。1年生は、声かけ係や説明係など、それぞれ役割分担をし、年長児のお世話をしていった。実はこれにはモデルとなる事

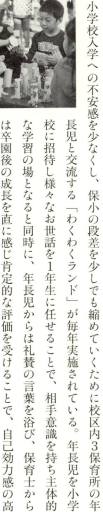

前の取り組みがある。2年生が1年生を招待して取り組んだお店やさんごっこである。体育館に2年生が準備したたくさんのお店と商品が用意され1年生をもてなした。商品だけでなくゲームコーナーやバーベキューコーナーなど1年生が興味を引きそうなものばかりだ。2年生のお兄ちゃんやお姉ちゃんが元気にあいさつをしたり、お店の紹介をしたり、お金の受け取りやおつりの計算をしたりなど、一緒に楽しく買い物体験をしたことが、自分たちの計画する「わくわくランド」のモデルとなっていたのだ。見て聞いて実際に体験したお店やさんごっこが1年生のやる気を引き立てていった。

2015年度は日程的な問題もあり、3学期に給食体験と合わせた取り組みとして実施した。役割分担も〝出会いの会〟を進める「はじめの会係」、教室を移動する時に先導する「案内係」、トイレや手洗いのお世話をする「わくわくルーム係」、絵本を読んであげる「読み聞かせ係」、お別れの会を進める「おわりの会係」の5つの係に分かれて年長児のお世話をした。「わくわくランド」では、年長児と仲良くふれ合うにはどんな活動ができるのか考え、生活科で学習していた秋の遊びを取り入れながら、教室の中で短い時間でできる活動を考えていた。まず全体で年長児を迎えるのは、国語科で学習した「くじらぐも」の音読だ。単元を貫くめあてに、「わくわくランド」で年長児に気持ちのこもった「くじらぐも」の音読を聞いてもらうことを挙げていた。

1組では、福笑い（ゲームのキャラクターの顔をつくる）、ランドセル体験（ランドセルを背負わせて一緒に歩く）、〇×ゲーム（金川小のことをよく知る問題を出題）の3つの活動を計画した。当日、一人ぼっちになっている年長児がいないか気遣っている子、優しくずっと待ってあげている子、声をかけながら楽しませようとしている子など様々だったが、何をしていいのか、どんなお世話をしたらいいのか分からず、じっとしたままの子もいた。自分より年下の子と接する経験のない子にとっては貴重な体験になったことと思う。ふり返りの中で1年生は、「おきゃくさんがたくさんきてくれてうれしかった」「みんながよろこんでくれてうれしかった」等の感想が聞かれた。また保育士からは、「照れて出来なかった子が教えたり司会をしたりして、1年経つとこうもちがうのかと思った」「グループで回るのが良かった。年々工夫されているのを感じました」等の感想が聞かれた。その後の給食体験では、隣りに座った年長児に牛乳のストローをさしてあげたり、パンの食べ方を優しく教えてあげたり、牛乳パックのたたみ方を教えてあげている姿が微笑ましく目に映った。いつになくお兄ちゃん、お姉ちゃん扱いされた1年生は、自己効力感が高まるとともにテンションが上がりっぱなしの1日だった。

❺ 子どもとの関わり方を学ぶ「保育参観（参加）」

2013年2月に校区内にあるA保育所に保育参観に行った。就学前実態調査の課題を受け、お店やさんごっこをしていた。保育士の作った商品やお店の構え、子ども達の店員の格好など、本物そっくりに作ってあったのに驚かされた。お家の方の協力も印象的だった。小学校の人権同和教育担当教員からのミニ講演会もあり、就学前の様々な体験が学力との相関が大きいことを就学前実態調査の分析結果をもとに話していた。保護者からは「宿題で出される内容はどんなものですか?」「分割学習とはどんなふうにされているのですか?」「生活科の学習はどんなことをするのですか?」などの質問が出されていた。次々に出される質問に学校に対する期待や関心の高さを感じた。

A保育所では人権集会も年数回取り組んでいる。自分の周りの人たちについて、小さな生き物の命について、平和について、友だちや自分の気持ちについて考える学習をしている。その最終回は「いいとこみつけ」だ。保育士がクラスの子ども達のいいところや成長したところをみんなの前で伝えていく。いいところを見つけてもらった子どもは、どの子もニッコリ笑顔だ。自分はみんなから見守られているという安心感や自己肯定感を高めていきたいと願っている。日常的にも一日の終わりの「帰りのお集まり」の時間に、当番さんのいいところを見つけて言葉をかける〝ことばのシャワー〟にも取り組んでいる。保育士から当番の子へ、周りの子から当番の子へ、一日の中でいいな・うれしいなと思ったこと、当番として頑張っていたことなどを見つけて伝えるようにしている。毎日の積み重ねの中で、友だちの良いところに自然と目を向けたり、友

だちの気持ちを認め合えたりする力が育ってほしいと思っている。保育所と小学校との関わりは、この他にも「夏祭り宣伝隊」や「まつり金川」への作品展示などもある。これらの取り組みの結果、下がり続けていた入学時（2年生）の学力期待値（知能偏差値）は、２００７年から上昇し始め、２０１３年には51を越えるまでになった。

「小一プロブレム」と呼ばれた時代から始まる就学前の子ども達の変化は、携帯やコンビニのない時代に育った先生方にとっては、理解しがたい現実だった。そこから始まった就学前実態調査を始めとする保小の連携は、子どもの見とりや教育内容の見直しへとつながり、文字の獲得や数概念を意識した授業改善や、保護者や地域を巻き込んだ協働教育の確かな歩みへと深化発展し、これまで述べた実践へとつながっている。

6　学校と学校のつながり

学校区でつながる小・中連携

大阪府茨木市立豊川中学校区（郡山小学校・豊川小学校・豊川中学校）

❶地域・校種間連携はこうしてはじまった

1970年代、豊川中学校は荒れていた。器物破損、校内暴力、ガラスが一日に何枚も割れる……。学校正常化に向け、教職員は努力した。80年代に入ると「クラス集団づくり」が学校の大きな課題となり、「しんどい子を中心にすえた集団づくり」についての学校と地域の連携が強化されて

大阪府茨木市立豊川中学校区

茨木市立豊川中学校区は、大阪府の北部、茨木市北西部に位置し、田んぼや畑が存在する地域である。地域には1960年代に建てられた府営住宅と市営住宅があり、そこから通う生徒と、昔からの集落から通う生徒がいる。少子高齢化が進み、児童・生徒数は市内でも少ない校区である。就学援助率は高く、経済的に厳しい環境で生活している生徒も多い。

郡山小学校：児童数227名　学級数12／

豊川小学校：児童数206名　学級数10／

豊川中学校：児童数139名　学級数6／

いく。「班を基礎とした集団づくり」に全学年でとりくみ、班ノートや班長会議、生徒会活動の活性化が進められていった。1982年「豊川中学校の進路保障を考える会」が開催され、84年に「豊川地区同和教育研究集会」（豊川地区同研）が開かれた。ここに現在の地域・校種間連携の基礎がある。事務局を豊川中学校におき、各専門部（学力保障対策会議、保・小連絡会、障害児教育専門部会、小・中連絡会、中・高連絡会）を設けて個別の課題での各機関の連携を深めた。

2000年「豊川中学校区教育協議会」（豊川きょういくコミュニティーネット）を発足。組織を実態に合わせ少しずつ、変更しながら現在に至っている。

「18歳時点での多様な進路選択のできる子どもたちを育てよう」「人権感覚あふれる、子育てに強いまちづくりをすすめよう」をキーワードに、地域・家庭・学校が子どもたちの現状と課題を共通理解し、その課題解決に向けて様々な形で協働した取り組みをすすめている。

学校教育部では、4月の新転任研修（地域フィールドワーク・講演）に始まり、年5回の三校合同授業研（1学期に3校同時の土曜参観《茨木っ子オープンスクール》、午後、三校合同授業研）・夏休みの教育課題研修会（校区の課題についての実践報告・講演）、秋には、「とよかわフェスタ」をおこなっている。地域に住む外国にルーツがある方々の参加もあり、国際色も豊かで、子どもたちを中心に地域の方々がつながる場となっている。

小中高連携では、中学校では、部活体験や体験授業、生徒会による学校説明会などをおこない、福井高校では、小学生が職業に関する先輩からの聞き取りの授業に参加するなど、18歳時点を意識した取組みをおこなっている。

このように「豊川中学校区教育協議会」（豊川きょういくコミュニティーネット）、数々の連携をおこなっているが、学力向上の面で成果が見え始めてきた「授業づくり」について次に述べる。

❷ 授業づくりの実践

2001年度から東京大学の佐藤学先生（現学習院大学教授）に関わっていただき、「子どもたちが学びあう授業づくり」をテーマに、校区として統一した視点での授業づくり、学校づくりをすすめることとなった。

しかし、人事異動による教職員の入れ替わりが多く、とりくみをうまく継承できない中、学校は落ち着きを失い、授業は成立せず、授業エスケープを繰り返す子どもたちが後を絶たなかった。年度末の職員会議で、新たな授業改革のプランが提案されたが、日々の生徒指導で疲れ果てていた教員からは「大事なことは理解できるが、毎日放課後の生徒指導と家庭訪問を繰り返している自分たちのどこに教材研究や授業にとりくむ余裕があるのか？」という意見が相次いだ。提案が否決されそうになったその時、当時の授業改革部長が手を挙げ、「自分は、1・2年生の担当をしているが、1年生の授業ははっきり言って崩壊してしまっている。生徒たちの興味関心を持てる教材を準備して教室にあがるが、うまくいかない。生徒のおしゃべりはやまず、一部の生徒だけがまじめにとりくんでいる状況だ。毎時間、大きな挫折感を感じて職員室に降りてきている。同じしんどい思いをするなら、忙しい中でも授業改革にとりくんでしんどいほうがいいと思っている」。この発言は他の教員たちが本音を語り始める口火となった。同じように授業が崩壊し苦しんでいること、これまで培ってきた様々な指導技術が全く通用せずどうしたらいいか悩んでいることなど意見が続き、次第にこのとりくみを前向きに検討し、実践していこうという雰囲気となって、職員会議は終わった。

２００５年から、校区全体で「聴きあい学びあう子どもたちの育成」と「子どもたちの学びの連続性」をテーマに四人班、コの字型の座席、「合同授業研」の実施、すべての教員が年間最低一回授業研を実施し授業づくりをすすめるなど小中が一貫した授業づくりをおこなった。生徒指導、家庭訪問が終わり学校へ戻って来た後での授業準備。よりよい授業にするための論議が夜遅くまで続くこともあった。

小学校の授業研では、中学校の教員は小学校の授業から刺激を受ける。ていねいな口調、授業の準備、子どもに寄り添う姿。そのようなきめ細かい指導が中学校でも必要であると感じることがよくある。小学校で積み上げられてきた子どもの「学び」をしっかり受け継がねばとプレッシャーを感じることもある。このように、互いに刺激を受けながら、とりくみに深みが増してくる。

授業研の中では、子どものことが語られる。さまざまな課題、生活背景のある子どものことを授業の時の姿と重ね合わせながら語る。中学校での授業研では、中学校の教員が語った後に、小学校の教員がその子どもの小学校時代のことを語る。時には家庭背景に至ることもある。授業研でありながら、丸ごと子どもを抱え込んだ話が続くこともある。
次に、各校で取り組んでいる子どもの実態からすすめる授業づくりについて述べる。

❸「つながり」を生かした各校のとりくみ

(1) 郡山小学校

郡山小学校には外国にルーツのある子どもが1割以上いる。そのうち、中国にルーツのある子どもたちが7割を占めている。自分のルーツに誇りを持って生きていく自己肯定感を育てていきながら、外国にルーツのある子どもたちだけではなく、いろいろな家庭背景のある子どもたち一人ひとりの学力保障と人権教育のとりくみをすすめている。

本校に通う外国にルーツのある子どもの大半は、直接外国から来た子どもたちで、日本で生まれ日本で育った子どもたちの中にも、家庭では母語中心の生活で、日常会話は、1年ぐらいでできるようになるが、授業で使われている言葉は、わからないことが多く、「どうせ聞いてもわからない」と聞くことさえやめてしまう子どももいる。また、日常会話ができるようになると、学習がわかっているように錯覚してしまうこともあるが、子どもたちは学習言語を身につけることに苦労している。

ある学年に中国からAが、インドネシアからBが編入してきた。この学年には中国にルーツのある子どもが2人おり、すぐにAと中国語での会話が始まり、授業中も中国語が飛びかうのが当たり前になった。

Bは少しずつ日本語がわかるようになると、隣の席の子どもが「B、これわかる?」とプリントや教科書を指差しながら尋ねている姿があり、Bが日本語で尋ねたりすると「B、日本語で言ってくれた」と一番に見つけ、額をくっつけあって話している姿はとてもほほえましく、Bにとってもクラスが安心できる場所になっている。

また低学年のときから、保護者や留学生の方に来ていただいて、いろいろな国の文化を知るとりくみをしている。そして、毎年その学習の発表の場として、「ワールドin郡山」を開催し、学校全体で世界の様々な国の文化を学ぶ機会としている。外国にルーツのある子どもにとっては、母語や自分の国の文化を紹介できる場として、自尊感情を高める場ともなっている。

しかし一方で、日本語が上手になると人前で中国語を話すのを嫌がる子、中国語しか話せない親と一緒に出かけたくない子、友だちに両親を紹介したくない子……。高学年になると、そんな子どもが増えてくる。また、中国にルーツのある子どものほとんどが中国残留帰国者3世・4世だが、多くの子どもが自分のルーツについてはっきりとした認識を持っていない、ということが明らかになってくる。

そこで6年生では、生い立ちを聞きとる学習をしている。外国にルーツのある子どもたちには自分のルーツをしっかりと認識し、自分のルーツや自分自身に誇りを持ってほしいとの願いから、「祖父母や親たちの生いたち」を聞きとる活動にもとりくんできた。中国残留帰国者の聞きとりでは、戦争という過去の暗い歴史を避けて通ることはできない。当時の多くの苦労話を誰もが真剣に聞き入る姿を見ることができた。

中国残留帰国者の祖母をもつCは、自分の母親の存在を疎ましく思う子どもだった。中国の小学校をわずかしか経験していない母親は、日本語がまったくわからず、Cの母親を疎ましく思う気持ちは、学年があがるにつれてどんどん増していき、とうとう5年生の時、学校の参観懇談の連絡や保護者たちの懇親会のことなどを母親に伝えないようになった。Cの祖母の苦労を聞き取った上に、さらに一歩を踏み込んで母親の身の上の体験を聞きとることにした。Cは、母親がどうして学校で勉強できなかったのかを初めて知り、母親に対するそれまでの感情が込みあげて大粒の涙を流した。Cは「生い立ち」の作文で、「これから大変なことが今までよりもたくさんあると思います。大きくなったらおばあちゃんの話をもう一度聞いて、そのことを忘れないで堂々と生きていきたいです。そしたらきっと、父と母をもっと守れるくらい強く立派な大人になれる気がします」と書いた。

社会の授業の中で残留孤児の話が出て、中国にルーツのある子どもたちがささやき始めた。「そのことをよく知っている」と答えたので、「それなら、みんなに説明して」と頼むと、Cともう一人中国にルーツのある子どもが、日本の敗戦によってたくさんの日本人が中国に残されたこと、自分の祖父や祖母が中国残留孤児であることなどを話した。そして、他の子どもたちも「自分のおじいちゃんが……」、「自分のおばあちゃんが……」と話しだした。その後、担任が補足し、日本の残留孤児は中国人たちに育てられたことを話し、日本の子どもから「中国人って優しいなぁ」という感想が自然に出てきて、授業が終わった。

自分のルーツと向き合い、出会い直しをしていくことで自己肯定感を高めていくと同時に、仲間と支え合って学び合う授業の中で安心して自分のことが語れ、そしてそれを受け入れ、認めてくれる仲間がいることに気付く。そういう日々の積み重ねが中学校へとつながっている。

（2）豊川小学校

家庭背景が厳しい子どもが多く、不登校傾向にある子どもが10名ほどいる学年の中に、Dがいた。保育園の頃から休みがちで、保護者の仕事について行くなどして、生活が昼夜逆転していた。朝起きられず、起きても「めんどくさい」という思いから登校しないことが多くあった。また、大人に囲まれて過ごすことが多かったようで、子どもどうしのかかわりを好まないような面もあった。登校に向けて、保護者や本人とも何度も話し合いを行ったが、本人は「行きたいとは思ってない」といい、保護者は「声はかけるし行ってほしいけど、本人次第やね。」という具合いだった。周りの子どもは、どうせ休むだろうという諦めのようなものもあり、欠席連絡を届けることも嫌がるようになっていた。Dが学校に来たときには「もっと来てほしい」というメッセージを伝え続けたが、「うっさいねん」と言いたげなくもった表情がしばらく続く場面もあった。

そんなDも4月は、ほとんど休まず学校に来ることが出来ていた。しかし、教室での会話についていくことができないことも多く、なんだか居場所に困っている様子も見られた。

そこで、「授業を通して生活を語ってほしい。そして、周りともつながってほしい」と考え、社会科や総合的な学習でとりくむ「うし」の授業を、Dの感想を中心に組立てた。授業は、「魚や米、野菜の勉強はするのになんでお肉の勉強はせえへんの?」という子どもの疑問からのスタートだった。社会科で習った魚の流通に対して、牛の場合は「とちく場」があり、牛の命をいただくことで自分たちが生きていることを知る。その授業では、子どもの多くが「かわいそう」とか「残酷だ」という感想をもっていた。しかし、Dだけは「牛を魔法のようにお肉にする人たちのおかげで自分たちは生きていけると思いました。だから残酷だと思ってはだめだと思いました。逆にありがたく思うのが食べるほうの立場だと思いました」という感想をもっていた。次の授業では、全員の感想を一覧にして読み合った。するとDの感想のところで、子どもたちが「あ～!」と感嘆の声をあげた。Dの感想の中には「とちく場」で働く人への思いがあることに気付いた子どもたちは、自然とそこで働く「人」へと興味がわくことになった。

「とちく場ではたらく人には、どんな思いがあるのか?」

Dの感想から次の授業展開が決まった瞬間だった。授業後、なぜDが、そこで働く人に着目できたのかが気になって尋ねてみた。すると、Dは「じいちゃんがどんな命も大切にせいいって言っててな……」と祖父との会話のやり取りを話し始めた。実はDの祖父は葬儀場で働いており、小さいころから、祖父にその仕事への誇りや思いを聞かせてもらっていたようだった。Dにとっては、あたり前の感覚だったのだ。

Dがつくった授業の流れは、最後にEのつぶやきにつながる。低学年の時に転入してきたEは、続けてではないものの休みがちなところがあり、授業で目立つような子ではなかった。

「『とちく場』で働く人にとって、一般の人に見学される際、最も嫌がることは何だと思う?」と子どもたちに尋ねた。すると、「写真撮影じゃないか? 理由は、見せものではないからだと思う」「『くさい』や『きもちわるい』と言われることじゃないか? 理由は、消費者のために行っているのにそんなことを言うのはおかしいから!」など、とちく場で働いている人の思いを本当にしっかりと考えていて、学習が深まった。その時Eが「お父さんの仕事と同じや」とつぶやいた。するとある子が、「Eのお父さん、パッカー車乗っていたよな」と続いた。Eは幼いころから都合がつけば清掃車に乗せてもらい、一緒に現場を見せてもらったこともあったようだ。

Eに、お父さんがどんなことを言っていたのか尋ねると、「まだわからない子どもに『くさい』と言われるのは許すけど、おとなに『くさい』と言われるのは、ゆるされへん!」と教えてくれた。Eが生活を語るとき、周りの子どもの表情は一気に真剣さが増した。その日の放課後、Eが自分と向き合って家族の思いを仲間に語ったこと、Eの思いを真剣に受け止めようとしている仲間がいること、そんな子どもたちの姿をEの家族に連絡をして伝えた。すると母親は「先生、Eがほんまにそんなこと言ったん?参観見に行っても一回も手挙げた事のない子やのに……」とうれしそうに話をしてくれた。後日Eに聞いてみると、1年生のとき、母親が出産のため入院した際、朝4時から父親の仕事について行き、一週間その様子をそばで見たことがあったようだ。冬場なのに汗だくになって働く父親の姿を見たこと、そしてEにとってはゴミのにおいや清掃車のガソリンのにおいが「心地いい」ことなどを話していた。

このように、教職員が子どもの家庭背景を知り、家庭と連携する中で、子どもが授業を通して生活を語ることができるように、学校が安心できる場所になるように、子どもの思いを受け止め、子どもどうしをつなげることを意識している。

（3）豊川中学校

郡山小学校・豊川小学校でのとりくみが、中学校で活きていると感じる場面がたくさんある。共通した目的でとりくんでいる授業づくりでは、子どもたちの姿からこちらが学ぶこともよくある。わからないことを安心して「わからないから教えて」ときける関係性や、それぞれの「背景」を知り、子どもどうしが本音で語れる豊かなつながり。

また、校種間を越えて教職員が「共通の視点」で授業を考え、「共通のコード」で子どもの生活背景を語ることができる、というのが豊川中学校区の強みだと言える。

豊川中学校で行った豊川中学校区授業づくり研究集会では、佐藤学先生に来ていただき、午前中に郡山小学校と豊川小学校の授業を見ていただいた後、午後から豊川中学校の公開授業、提案授業を見ていただいて助言をいただいた。午前中に見学した両小学校の授業では、低学年でのペア学習、「聴く・つなぐ・戻す」にこだわった授業など、すべての子どもが授業に参加している姿を見ることができた。

豊川中学校での提案授業は家庭科で「住まいのはたらき」。間取りから「住まい空間と家族の生活行為とのかかわりについて自分の生活に重ねながら具体的に考えることができること」を本時の目標にした。

事前に行った授業デザインの練り上げには、豊川中学校の教員だけでなく、小学校の教員や豊川中学校ＯＢの教員も参加し、論議を重ねた。「自分の生活と重ねる」ということは、生活を語ることだ。多くの子どもの「住まい」は団地だ。Ｆはきょうだいも多く、祖母や親戚とも一緒に二間の平屋に住む。この授業でＦを中心に、Ｆが自分の家のことをクラスの仲間の中で語れる、そんな授業や集団をつくらなくてはいけないのではないかという話になっていった。子どもの実態と教材がつながり、子どもどうしがつながる。自信を持って自分の暮らしを語ることができる。そんな授業をめざしていこう、ということになった。

授業研当日。子どもたちはそれぞれ自分の生活と重ねながら、班の仲間と語り合い、課題にとりくんでいた。研究討議では豊川中学校の教員が、子どものつぶやき、子どもどうしの関わり、どの場面でどう変わったのかなどを話した。そのなかでＦが生活の背景をふまえ、部屋やトイレの数にこだわって考え、つぶやいていた様子が共有された。

フィリピンにルーツがあるGは、国語の授業で、詩の文章や単語一つひとつの意味は何とか理解していたが、詩の象徴的な部分を理解することはできなかった。その疑問を班の仲間にぶつけていた。そのやりとりのつぶやきから、大きな展開がおこった。Gのつぶやきを発端に班のメンバーでは話が進んだのだが、Gはすぐに納得ができず、何度も話をする中で、やっと詩の文章が象徴していることが理解できた。たどたどしいながらも、班の学びあいによって自分が理解したことをクラスのみんなに伝えることができた。この出来事からクラスの子どもたちも、仲間のことばに耳を傾け、しっかり聴きあうようになっていった。そして、何より授業をおこなった教員は、この授業をきっかけに子どものことを信じてじっくり「待つ」ことができるようになっていった。

❹ おわりに

豊川中学校区の子どもたちの生活実態は、依然として厳しいものがある。基本的生活習慣や学力が定着しない、経済的に厳しい家庭が多いなど、従前からある課題を、校種を越えて共有し実践することは現在でも不可欠である。三校の教職員そして、家庭・地域がつながり、常に〝オール豊川〟としての課題意識を持ったとりくみが前提にあることは言うまでもない。

三校は、「授業づくり」を核にしての学力保障、すなわち、「授業で子どもを変える」」、「授業で子どもをつなぐ」こと、子どもたちに「どんな力をつけるのか」を永年のテーマとしてとりくんできた。年間5回行われる「三校合同授業研」による学びの場の設定は、教職員相互の連携が生まれる土壌となっている。教職員の異動等の入れ替わりがあろうとも、授業で子どもをつなぐことが子どもの学びを保障し、一人ひとりを見捨てずに学力をつけていくという実践は豊川中学校区の「文化」として培われ、引き継がれている。

すべての子どもたち、とりわけ、〝しんどい生活背景〟のある子どもたちが、自立して生きていくための自尊感情を育むことを前提にした学力向上の実践には、まだまだ課題が残る。子どもどうし、自らがつながりをつくることができるような「授業づくり」を中学校区全体で、なお一層推し進めていかなければならない。

集団づくり、授業づくりを推進し、学力を高め、中学校区の子どもたち全員の学びを保障することや、学校間の連携、また教職員どうしのつながりも意図したとりくみをこれからも浸透させていきたい。そのことが「18歳時点で多様な進路選択ができる子どもを育てる」ことにつながっていくことに疑いはない。

6 学校と学校のつながり

子どもを町ぐるみで育てる

井手町立泉ヶ丘中学校

❶ はじめに

本校の実践を歴史的に見てみると、公的な施策の乏しい中での就学保障に取り組んだ時代（創立～昭和45年頃）、特別対策事業のもとで進路保障に没頭した時代（昭和45年頃～平成8年頃）、そして、「学力保障は同和教育の総和である」と位置づけた近年の学力充実に向けた研究実践の時代（平成8年頃～現在）に大別できる。

また、その時々で深刻な生徒指導上の問題に対して、生徒

井手町立泉ヶ丘中学校

昭和24年に創立以来、人権教育を教育活動の中心に据え、教職員の熱意と努力、そして、学校・家庭・地域社会のつながりづくりが今日まで続けられている。時代によって教育上の課題に違いはあるが、生徒一人ひとりの将来を見据え、社会的自立を促しかかわりきる実践は、本校の不易の教育目標となっている。

の実態に学ぶ意識を持って奮闘し、その時代の課題解決に立ち向かった実践からは、課題の本質を失わなかった先輩たちの揺るぎない信念が伺える。

現在は、様々な課題はあるものの落ち着いた学校・学習環境が構築できている。そのような中、「効果のある学校」を目指し、「全ての生徒の学力向上と希望進路の実現」に向けて取り組みを進めている。この取り組みは、本校の教育活動における長年の歴史と伝統によって実践できるものである。しかし、ここ数年、教職員の大量退職、大量採用により教育理念や技術の継承が課題となっている。そこで、本町・本校の教育の歴史を振り返りながら取組を紹介したい。

❷「井手町人権・同和教育研究会」について

本町には、「井手町の子どもたちは井手町で育てるんだ」といった強い思いが根付いている。その基盤をつくっているのが「井手町人権・同和教育研究会」である。

昭和50年前後、全国の学校で校内暴力など生徒の荒れが大きな問題となっていた頃、本校においても問題行動が多発し、生徒たちの学力の定着や進路保障に大きな影響を及ぼしていた。この研究会は、それらの問題行動を分析し、町全体でその解決に向け取り組もうと「保小中や関係機関・地域との連携を深め、一人ひとりを大切にした進路保障と同和教育を推進する」を研究テーマとして町内の一中学校、二小学校、二保育園（現在は、三保育園）がつながり、さらに、関係高等学校とも連携し設立された。現在、全会員による総会と年2回の研修会の開催、そして、次の3つの専門部と1つの交流会で活動を進めている。

「学力保障専門部」では、学力の充実を目指し、生涯学習の基盤を作るために、町内での統一した取組の検討やスムーズな引き継ぎによる支援体制の確立に取り組んでいる。

「人権・部落問題学習専門部」では、人権を尊重する態度や行動につながる人権・部落問題学習の充実のために、授業研究会を実施している。

「生活指導専門部」では、基本的な生活習慣確立のために、家庭啓発資料の作成や家庭との連携の在り方等を検討し実践することで、生活の指導充実を図っている。

「加配交流会」では、特に課題の深刻な子どもや家庭の状況について、情報の交流と共有を充実させ、保小中高さらなる連携とスムーズな課題解決に取り組んでいる。

どの会合でも課題のある子どもはもとより、すべての子どもについて、生活実態・家庭の背景や地域での様子等をきめ細やかに語り情報の共有化に努めている。そのことで、子どもや保護者に寄り添った支援や指導を行うことができ、信頼関係づくりにつながっている。

❸「京の子ども、夢・未来校（ジョイント・アップ研究開発）」について

平成18・19年度には、京都府教育委員会の指定を受けて、これまでの小中連携の研究を更に充実

・発展させ「小中連携を通した基礎・基本の定着による学力向上」を研究テーマとして、ジョイント・アップ研究開発に取り組んだ。

具体的には、小学校・中学校のスムーズな接続と教職員の連携強化や授業改善に向けて、小中交流授業参観、小中合同授業研究会、小中合同夏季研修会を定期的に開催した。また、「国語」「算数・数学」を中心にカリキュラム連携や学力テスト等の分析と共通理解により、学習環境・学習の構えづくりに取り組んだ。さらに、生徒理解、生活・学習習慣の確立、学習のつまづきの早期発見と解消に向け生活・学習アンケートを行い、分析結果を生かした取り組みを実施した。

そして、小学生には、中学校への進路展望・意欲づくりとして、出前授業、体験入学・体験授業、部活動体験等を実施した。この取り組みでは、特に、中学生が、良き先輩として活躍し、小学生のあこがれとなるよう工夫した。

この2年間の取り組みにおいて小中合同研修会や小中相互の授業参観、小中合同授業研究会を行うことで、町内の全教職員が顔を合わせる機会が増え、教職員どうしの連携・コミュニケーションが深まった。また、小中共通の生活・学習アンケートを作成し、全学年で実施して分析を行うことで、児童生徒の家庭学習や生活の状況を把握するとともに、学力実態と関連付けることができた。また、そ

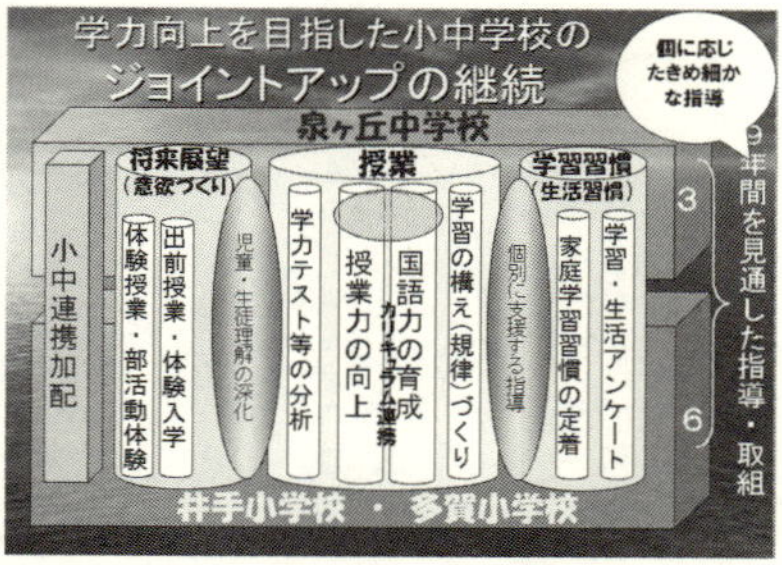

図1　ジョイント・アップ研究開発

の結果を小中学校の全教職員で共通理解を図り、家庭生活と学力の相互関係等の課題を明らかにすることができた。

これらの取り組みは、町内の小中学校の教職員の「つながり」意識を更に向上させることができ、その後の取り組みの基盤となっている。

❹「京の子ども、夢・未来校（中学校学力向上実践校）」について

平成22・23年度には、京都府教育委員会の指定を受けて、ジョイント・アップ推進事業の継続と充実、そして、授業力の向上及び生徒個々の教育的ニーズに応じた支援体制の構築など、学力向上に向けた取り組みを進めた。この取り組みは「その生徒に応じた学習支援とどの生徒も伸びる学習活動（生徒一人ひとりの願いの実現）」をテーマとした。

この研究は、学びプロジェクト本部のもとに3つの専門部（「学習集団」「授業改善」「個別支援」）を置き、それぞれの到達目標を段階ごとに設定し、スモール・ステップで達成状況を見極めながら進めた。

「学習集団」部会では、「互いの考えを認め、学び合い、高め合う集団づくり」を通して、確かな学力を追及しようとする生徒を育成を目指した。学習集団の形成にあたっては、まず、学校が安心・安全で、生徒一人ひとりが他から肯定される居場所であることが不可欠と考えた。取り組みの1

つとして、規律ある集団行動と生徒会活動の活性化を目指した。具体的には、小・中学校合同の児童会・生徒会活動を進めることで、継続的・組織的にリーダー層の育成を図った。そして、学年・学級での活動場面では、個々の役割を自覚・遂行する力を付けるとともに、どの生徒も躊躇なく発言が保障される人間関係の構築に取り組んだ。

「授業改善」部会では、質の高い学力を目指し、基礎学力を重視しつつ、習得型教育と探究型教育の総合的な実践を試みた。小・中学校間では、机間指導を通して、全ての生徒に確実な評価をリアルタイムに行うことで、学習意欲を高めるとともに、学習量を十分に確保するなど授業の指導方法を工夫した。

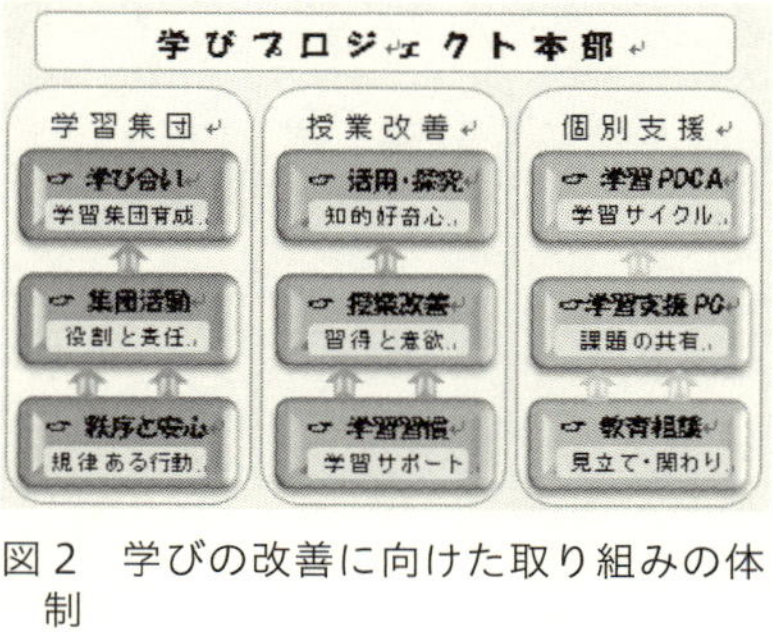

図２　学びの改善に向けた取り組みの体制

また、知的好奇心を高めるために、自ら調べてまとめる活動（井手町調べる学習コンクール）や各種検定へのチャレンジ（チャレンジ学習）等、主体的に学習に取り組む態度の育成を図りながら、より高度な内容も取り入れた。

「個別支援」部会では、全ての生徒が自分に合った学習計画を立て、自主的に実行できる力を養うことをねらいとし、生徒一人ひとりのニーズに応じた支援を行った。

まずは、学習面で課題を有し、自分で学習計画を立てられない生徒への対応として、学習支援と生活習慣の改善に向け、生徒・家庭・学校で相互協力し全教員が一致して取り組める個別の支援プログラムを作成した。プログラムの作成にあっては、生徒の家庭や背景を把握できるよう保育園、小・中学校が綿密な連携で継続的に行った。

❺京都式「効果のある学校」について

平成27年度より京都府教育委員会の指定を受け京都式「効果のある学校」推進事業「ＩＤＥスタイル」と名付け、町内の三小中学校で取組をスタートさせた。

この事業は、井手町がこれまで取り組んできた「ジョイント・アップ推進事業」を基盤として、「困難な状況におかれている児童生徒をはじめ、全ての児童生徒の学力の向上と希望進路の実現をめざす家庭・地域社会と連携した学校モデルの構築」をねらいとして、①習熟のための授業づくり ②知識定着のための取り組み ③家庭連携・支援 ④学習集団づくり ⑤まちづくり教育、の5つの視点で、スーパーバイザー（大学教授等）からアドバイスを受けながら取り組みを進めている。

具体的には、小学校1年生の入学時の学びスタート調査、京都府学力診断テストや全国学力・学習状況調査、生活アンケート等による児童生徒の学力や生活状況に関わる実態把握と分析、習熟型の授業づくりを目指した「井手町授業方程式」の確立、獲得した知識・技能を定着させるための「スパイラル学習」の推進、「個別支援プログラム」による基礎学力定着と学習サイクルの確立等に、保小中で組織した専門委員会が中核となり取り組んでいる。

「井手町授業方程式」の確立については、導入、展開、まとめの工夫として、①学習内容を明確にさせるため、授業の開始時に、学習のめあてをしっかりと明示する。学習の流れやポイント等を示し児童生徒に見通しを持たせ、学習意欲を高める掲示板「スタディガイド」を設置する。②学習者の理解・習熟に視点を置きながら活動量を増やす授業展開を工夫する。③授業の終わりに学習内容の定着を図るため、まとめとメタ認知を利用した振り返りを実施する。これらの視点を大切に小・中学校で授業スタイルを統一・継続することで、児童生徒が不安なく安心し意欲を持って授業が受けられるよう小中連携のもと授業改善を進めている。

「スパイラル学習」の推進については、児童・生徒が獲得した知識・技能を確実に定着させるために、授業内はもとより家庭学習ともリンクさせ、あらゆる機会を利用して意図的・計画的に振り返りを実施する。小学校では、毎週・毎月を基本に単元や項目に合わせた小テストを実施したり、中学校では、日常的な家庭学習支援の確立と校内での補充的な学習サポートを目的に「月6テスト（学力形成テスト）」を中心にして、児童生徒の学習のサイクルを構築している。

「個別支援プログラム」の取り組みについては、学力面で深刻

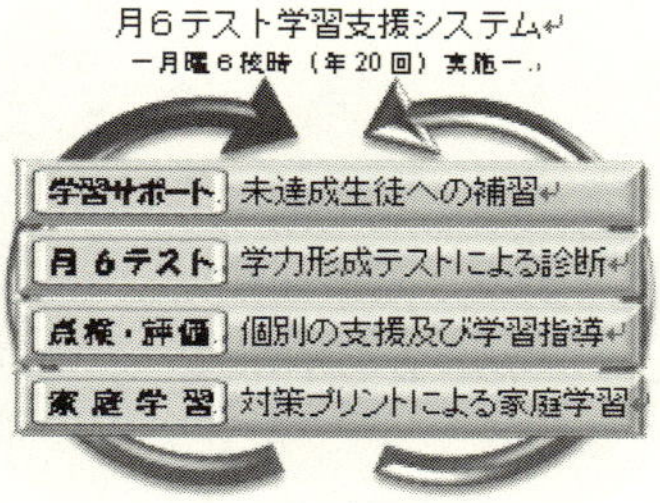

図3　月6テスト学習支援システム
—月曜6校時（年20回）実施—

な課題を有し、自分で学習計画をたてられない児童生徒への対応として、家庭とも連携を図りながら、学習支援と生活習慣の改善に向けて全教職員が一致して取り組めるプログラムである。その内容は、生徒の学力、生活、家庭の状況などをもとに、具体的な支援目標や支援内容（学習意欲や活躍を促進する手立て）、保護者との行動連携のための教員の対応（学校と家庭との役割、家庭教育を高める保護者への支援内容）をその都度記入するものである。小・中学校が、課題のある一人ひとりの生徒に、よりきめ細かく継続的に支援指導できるよう心がけている。また、保育園とも連携し幼少時の様子や家庭状況等も明記するようにしている。

❻ まとめ

これまでの本校・本町の連携・つながりを大切しながら一人ひとりにかかわりきる実践は、保・小・中連携を強化させ、すべての子どもたちに「包み込まれているという感覚」を実感させることにつながっている。さらに、生徒・家庭・地域の実態把握・分析のもと、指導方法や課題を共有することで、その成果も表れてきている。

学力面での課題は未だ深刻で解決には道半ばの状況であるが、生徒の実態は改善されつつある。家庭の理解や地域のコミュニティーの支えもあり、個々には課題が残るものの落ち着いた学習環境・学校運営が三校とも維持できるようになった。その結果、生徒指導等の教育推進に対する課題は随分と解消され、学力の充実・向上への集中した実践ができる環境が整ってきたことは、大きな成果と言える。

今後は、「つながり」をキーワードとして、保育園・小学校・中学校の連携をさらに強化し、「見える」（成果・効果が見える）（取組・活動が見える）（つながり・連携・接続が見える）を大切に地域の教育力を活かしながら学校力を高め、「この学校で学びたい、この学校で学ばせたい」と言われる「効果のある学校」としてよき教育実践を継承・発展させていかなければならない。

6 学校と学校のつながり

地域の中学校とのつながり・特色ある進路指導

大阪府立福井高等学校

❶ 福井高校を育てる会

毎年4月後半ゴールデンウイーク前、福井高校の校長室に地元8中学の校長が集う。「福井高校を育てる会」（以下「育てる会」）役員会議。毎年、中高連絡会や福井高カップ・出前授業などの検討や確認が行われ、福井高校の取り組みの報告やその年の入学生や入試動向などについて幅広い意見交換が行われる。ここ数年は入試制度が毎年のように変更されてきたことから、中学側の戸惑い・混乱が話題になることも多い。

大阪府立福井高等学校

1984年開校。現在、「国際コミュニケーション」「福祉保育ヒューマニティ」「健康スポーツ」「情報メディア」「芸術ライフ」「総合サイエンス」等の系列から選択できる総合学科に改編。また特色ある進路指導として、ドリカムと呼ばれる講座を設置している。

この「育てる会」は、今年で33年目を迎える福井高校の開校前から設立されており、当初は「福井高校を高校間格差の中に位置づけない」をスローガンに中学校側の取り組みが進められた。

かつて生徒数の急増が問題になった時期、それに対応して新設校が次々と作られた。しかし何もしなければ、新設校は輪切りの最底辺に位置づけられ、かなり荒れた学校が生まれることになってしまう。それを克服する手段として、成績に関係なく新設校をみんなで受験し、自分たちで学校を創って行こうとしたのが、かつての地元高校集中受験運動であった。

それは一方で全面的ではないにしろ生徒の「希望」を否定せざるを得ず、今振り返れば、強制的と言われても仕方のない「指導」もあったことも否めない。しかし、福井高校の地元中学は、決して強制的あるいは半強制的に地元高校受験を生徒に求めたわけではない。生徒達は、進路学活の中で「一本の大根として」などの教材から「格差を否定する生き方」を学び、何のために進学するのかを考えた。

すなわち、偏差値のみによって進学先を決めるのではなく、中学でつながった仲間関係を大切にした高校生活を送る生き方を学んだ。福井高校受験はその延長線上にあり、高校での仲間づくりが進められたのである。高校側は全体としてはこの中学校側の思いを受け止めながらも、これまで経験したことのない取り組みに、戸惑いや否定的な意見も少なくはなかった。「地元から皆でくるから、最初からだらけている」「学力差が大きすぎて授業がやりにくい」など。とはいえ、開校からしばらくの間、福井高校の生徒は地元の6中学で90%以上、茨木市内14中学でほぼ100%であり、学力的にも本当に幅広い生徒が通学していた。この間の地元育成の取り組みが現在の福井高校の基礎を作ったのである。18期生で普通科総合選択制がスタートすると一挙に33中学に増え、学区撤廃などの影響もあって現在では40から50の中学から生徒が通ってきている。しかし、先に述べた地元育成の理念は今でも地元中学には生きており、高校側の中高連携の基礎ともなっている。

福井高校に通う生徒は95%以上が自転車通学である。中には40分以上かけて自転車で来る生徒もいる。最寄駅からさらにバスで20分以上かかるという地理的条件がある。確かに緑に包まれた素晴らしい環境ではあるが、通学の便はすこぶる悪い。この条件の中で「格差の中に位置づけない」学校をめざそうとすれば、高校と中学校・地域との緊密な連携抜きには考えられなかったのである。

1990年代生徒急減期を迎えると、高校の側がこの地元育成を支える高校改革に乗り出す。中退防止のための取り組み、幅広い学力や興味関心・進路希望に対応する「学習メニュー」や選択を大胆に取り入れた「新カリキュラム」など今日の福井高校改革のスタートである。この福井高改革の火付け役もまた「育てる会」であり、この校長室での議論から始まったといっても過言ではない。高校改革をめぐる様々な議論が府下全体、日本全体でも盛んになるに先駆けて行われ、その中では「地域総合高校」「地元中学特別推薦枠」といったことまで議論された。

❷ 中高連携の具体的取り組み

(1) 取り組みの全体像

「育てる会」の取り組みは5月以降高校と各中学の実務者で構成する「育てる会事務局会議」で具体化されてゆく。まずはその取り組みを羅列しておく。

① 中学校訪問　3月、6月、9月
② 中高連絡会　6月
③ 中学校と生徒に関わる情報交換
④ 中学校での進路説明会（保護者・生徒）
⑤ 中学校での進路講演会（生徒）
⑥ 中学校への出前授業
⑦ 中学校の進路学活への生徒派遣
⑧ 中学生の高校探検・見学（校内見学と聞き取り）
⑨ オープンスクール　8月、10月

⑩　学校説明会　12月、1月、2月
⑪　北摂地域合同学校説明会
⑫　福井高カップ
⑬　「福井高だより」の発行
⑭　福井高校を育てる会
⑮　豊川中学校区教育協議会
⑯　茨木市、三島地域の関係諸機関との連携
⑰　福井小学校との連携
⑱　クラブ活動等での地域連携
⑲　選択科目を通した地域連携
⑳　茨木市立「豊川いのち・愛・ゆめセンター」での識字学級への講師派遣

関連したものも入れてざっとこのようなものがある。このうちのいくつかについて説明をしておきたい。

福井高カップ

①中学校訪問

まずは3月の中学校訪問から中高連携の取り組みはスタートする。合格者説明会の場で中学校訪

問の意図を説明し文書で了解を得たうえで、クラス編成等で配慮の必要な生徒についての聞き取りを行うのである。生徒の中には、アナフィラキシーなどの直接に命に係わる配慮事項を持つ生徒もいる。また、中学校での人間関係等で重大な課題があり高校での配慮が必要不可欠なケースもある。各自治体で個人情報保護条例が定められ始めた頃には、一切の生徒情報が聞き取れない地域・中学校も一部にあったが、必要な手続きとはっきりとした目的のもと、そして何より中高での信頼関係のもとで、条例や法律の趣旨を踏まえて取り組んでいるものである。

6月、9月の中学校訪問では、「福井高だより」を作成し、活躍する卒業生の姿や学校の取り組み、生徒の様子を伝え、福井高校の取り組みを理解してもらうこと、そして、オープンスクールへの参加についての案内が主な目的となっている。

②中高連絡会

6月後半、初めての定期考査、初めての大きな学校行事である体育祭が終わった後、各中学校との連絡会を持っている。以前は地元6中学だけで済んでいたが、今では生徒の通学区域の広がりもあって、茨木・高槻・箕面の16中学との連絡会になっている。ここでは主に入学してきた1年生の頑張っている様子を伝え、一方中学側からは心配な面がある生徒の近況についての質問がある。可能な範囲で中学校と意見交換をすることで、その後の生徒への支援の在り方など大きなヒントをもらうことが多々ある。3日連続で放課後が埋まってしまい、学年団特に担任にとっては大きな負担になるのだが、それ以上に得るものの大きさがあり、開校以来続いている取り組みである。

この連絡会以外でも日常的に中学校との連携は取っている。生徒自身や家庭などその置かれた状況の大きな変化などに対し、支援・指導の手掛かりを高校側から求めることが多々ある。状況はかなり厳しくなってはいるが、この地域には中学校側に卒業生に対する追指導のシステムがあることもこの連携にとっては大きな意味を持っている。

④〜⑧について

中学校での進路に関わる取り組みに高校側が呼ばれる機会も多い。進路説明会では福井高校の取り組み—人権や学校改革を中心にしたもの—を伝える場としているが、ユニークなのは、中学校の進路学活の一環として、本校の教員が中学生に高校選びについて語る「進路講演会」である。偏差値 only の高校選びから、「高校進学の意味を問い、学ぶことの意味を問い直す中での高校選び」がこの講演会の目的である。この講演会では福井高校の宣伝は基本的にしない。結果中学生たちはこんな感想を寄せる。「私は、高校に何で行くのか考えたことは何回かあったが、いつも自分のため、大学に進学するためだと思い込んでいました。けれどその考えは間違っていた、もしくは続きがあったことを知りました。自分のためだけじゃなくて、自分のなりたい職業になって《ママ》、命をつなぎとめたり、人生の手助けをしたりとどんな仕事でも自分だけのためじゃないことが分かり、私の夢が少し大きくなった気がします……」

⑫福井高カップ

近隣の中学校が福井高校で行う大会。部活によって6チームから多いときには10チームくらいが参加し、その運営を福井高校生が担うもの。平成5年のスタート以来、20年以上続いており、中学生にとってはかなり大きなイベントになっている。運動系だけではなく、演劇やボランティア、障がいを持つ生徒を交えた中高生の交流なども行っており、毎年1、000名を超える中学生が参加している。ちなみにこの大会も「育てる会」の議論の中から生まれたもの。

⑱クラブ活動等での地域連携

吹奏楽部やダンス部、演劇部が地域のイベントに参加し、地域との交流を図る姿はよくみかけられ、福井高校でも取り組んでいる。加えて福井高校では「たんぽぽメイト」というAIDS等に関するピアエデュケーター生徒組織があり、生徒が中学校に出かけて行って特別授業をする。最近では小学校からもオファーが来るようになっている。スポーツ健康系列の授業を選択した生徒が小学校でスポーツ指導をしたり、福祉保育ヒューマニティ系列の選択授業では、保育所や地域の福祉施設での授業があり、体育祭や文化祭でも交流しプログラムの中に組み込まれている。また、書道やフードデザインなどでは地域の方々と一緒になって授業を受ける取り組みが進んでいる。

（2）中学校・地域との連携に関わる組織について

福井高校では地域連携推進委員会という分掌・学年を縦横につないだ組織を設置し、広報担当とは別に地域連携担当を置いている。随分以前は人権担当（当時は「同和主担」）が中学校、地域との連携もすべて担当していたが、連携の取り組みが進む中で機構改革を行ったものである。この地域連携という観点から学校を見る視線が、校内組織の中にあることは重要な意味を持っている。この担当の設置が中学校や地域という外の風を受け止め、同時に発信力を強めて、保護者や地域とのネットワークづくりをも進めてきているのである。

❸ さらなる連携の強化に向けて

こうした中学・高校が一体となった取り組みを通じて、福井高校は地域の学校として根付き、成長してきた。途中、中退者の増加が大きな課題となったり、様々な受験制度の変更等で困難な状況が生み出されたりもしているが、中・高が一体となって克服してきたし、今後もその取り組みは続いていく。

地元率が高かった時代には、人権学習のみならず教科学習でも連携しようと試みた時期もあったが、出身中学が激増した今、教育内容での連携は新たな視点が必要となっている。国内外の大きな状況の変化の中、中学・高校とも大きな変革を迫られている。キーとなるのは「課題の発見・解決に向けた主体的・協働的な学び」である。これに向けた様々な取り組みを中・高で行いその成果をお互いに交流・共有していくこと。18歳時点での自己実現・多様な進路選択のできる力を子どもたちが獲得していけるようさらなる連携の強化が求められている。

❹特色ある進路指導：「ドリカム」

「18歳時点での自己実現・多様な進路選択のできる力」を子どもたちが獲得していける取り組みの集大成が、福井高校のキャリア教育であり、その根幹を担っているのが「ドリカム」である。「ドリカム」は高校の学習指導要領に「産業社会と人間」が設けられ、福井高校がそれを導入して以来の名称であり、今日では、「産業社会と人間」「総合的な学習の時間」「課題研究」を貫くキャリア教育の総称でもある。「ドリカム」の取り組みは当初から今日まで良くも悪くも手探りで続けられている。97年のスタート時点では、「自分を知る」「社会を知りつながる」をキーワードとしたドリカム授業と「試そう」をキーワードとし、社会人ボランティア講師を招いて64講座をそろえたドリカム講座—前後期とも年間5回×2時間の短期選択講座—を実施した。

その後、ドリカム講座は多くの選択授業に引き継がれ、「ドリカム」は「夢・発見・実現」をテーマとして、生涯にわたって自己実現していける力のベースとなる労働観と自分流の人生観を育成すること、その土台としての自己肯定感の育ちをサポートすること、そのことによって進路決定を含む自己実現をサポートすることをミッションとしてきた。そのために「人間関係トレーニング」や「職業調べ」（プロとして生きる先輩からの聞き取りも含む）に取り組み、プロの技のすごさ・仕事と自己実現の関係・仕事と社会貢献の関係を体得し、生き方を考える授業を展開してきている。

総合学科となった今年度からは3年生での「課題研究」を見据えて、「自己肯定感の育ちのサポート」「労働観と自分流の人生観の育成」に加えて「課題研究に取り組める力とモチベーションを育てる」ことが新たなミッションとして加わった。課題研究は「自分でテーマを決め、自分で資料を探し、自分で学び考え、自分で人と会い、自分でまとめ、自分で長文のレポートを書き、自分で発表資料を作り、自分で発表する」学びである。

そのために1年生の早い段階から個人やグループでのプレゼンテーション（調べ⇩まとめ⇩発表）の経験を積ませ、2学期には4人一組でペットの殺処分、世界の貧困、食と健康など、世の中の困りごとに対し、その解決に貢献する提案をおこなうというプロジェクト学習に取り組んだ。2学期末のプレゼン大会では、啓発リーフレットやポスター、イベントの企画案などがたくさん提示され、生徒たちの大きな成長が感じられた。

今後も福井高校の「ドリカム」（キャリア教育）は、生徒の現実と向き合い、手探りで進められていく。

ドリカム

7 学校と社会のつながり

福井大学とのつながり

板橋区立赤塚第二中学校

❶ 毎月一回の校内研究

「いつもは引っ込み事案のA君がポスター作りの活動になって、積極的に話し始めました」と理科の教師が発言する。「Bさんは、ヨーロッパの写真を見たことにより、イメージが湧いたのか、急に作業を始めました」と大学生も発言する。社会科の授業を見て意見を出し合っている一コマである。

本校では、毎月一回「生徒の主体的な学びを重視した授業の工夫・改善」をテーマに校内研究を進めている。授業を

板橋区立赤塚第二中学校

東京都板橋区の北部に位置し、全校生徒は551名である。成増駅から近く、商店街、新旧の住宅街などが混在する地域である。3年前に全面改築し「教科センター方式」の学校として新たなスタートを切った。「生徒の主体的な学びを重視した授業の工夫・改善」をテーマに毎月1回校内研究を実施している。全教室に電子黒板、実物投影機が配置されるなどIT化も進んでいる。

見た後の協議会では、学生ボランティアとして協力してくれている大学生をはじめ、教員、事務職員、非常勤講師、そして大学の先生まで、校内にいる関係者は全員参加することになっている。参加者は、教科、経験年数、学年所属、職種などをミックスしてAからHまでの8つのグループに分かれ、生徒が、どのような反応を示したか、生徒の言動はどのように変わったかなど、生徒の様子を中心に話し合うことになっている。

❷ 研究を通した福井大学とのつながり

（1）福井大学とのつながりに至った経緯

本校は平成25年に全面改築し、「教科センター方式」の学校として新たなスタートを切った。「教科センター方式」とは、簡単に言うとすべての授業を専用の教科教室で行う方式で、教師ではなく生徒が授業ごとに移動する。生徒は登校すると自分の教室（ホームルーム）に行くが、この教室を使うのは朝と給食と帰りの時間ぐらいである。このようなタイプの学校として誕生した背景には、福井県の教育環境が大きく影響している。当時の板橋区の教育長が学力調査で常に上位に位置している福井県の中学校を視察し、その際に先進的な「教科センター方式」の学校を訪問した。そこでは、自ら積極的に授業を受けに行く生徒の姿があり、生徒会を中心とした生徒の自主的な活動が見られた。この結果、板橋区にもこのような学校を設置しようということになり、本校に白羽の矢が当たったというわけである。そして、板橋区教育委員会と福井大学教職大学院が連携協定を結び、本校は福井大学教職大学院の拠点校となった。

（2） 教員の大学院派遣

福井大学教職大学院の拠点校となり、本校から2名の教員が教職大学院で修士課程を取得することになった。平成24年度から25年度にかけて、毎月1、2回金曜日の夕方になると福井大学まで通い、週末に講義を受けて帰ってくる。長期休業中は集中講義もある。このような生活を2年間過ごした結果、修士課程を履修し、見事に修士号を取得した。大学院では「生徒の主体的な学習」「教員の協働」などを中心に学んできたが、これにより、福井大学教職大学院で身に付けたノウハウを校内に広めることが可能になった。この2名が校内研究の中心となり、大きな推進力となったことは言うまでもない。当時としては、まだあまり浸透していない「アクティブ・ラーニング」などに平成23年度から取り組み、「協働」「探究」を取り入れた授業実践を全教員に浸透させてくれた。また、「教科センター方式」の活用についても、他の拠点校からの情報を参考に、いろいろな工夫・改善を試みている。教科教室の前にあるオープンスペースの充実等においても、学習との結びつきを意識し、生徒の学習意欲を高めることに貢献してくれている。福井大学教職大学院で、この二名の教員を育成していただいたことは、本校にとって大きな財産である。

（3）校内研究における連携

冒頭でも述べたが、本校では毎月一回校内研究を実施している。この校内研究に毎回福井大学教職大学院の准教授と特命助教の先生方が来校してくれる。校内研究の内容は、日頃の教育実践をテーマにしたり、学年ごとに授業公開を行い、意見交換をしたりするものだが、毎回欠かさないのは、ラウンドテーブルと呼ばれる探究的な語り合い（ダイアログ形式）である。本校では、学年・教科・経験年数をバランスよく混在させ、教員を8つの研究グループに分けているが、このグループをベースにボランティアとして本校に協力してくれている大学生、本校の栄養士、事務職員、そして指導主事、他校の教員などを振り分け、意見交換を行っている。当然、福井大学教職大学院の先生方にもグループに入っていただいている。この小グループで、自分の思いや感じたことを自由に語り、聴き合う関係を大切にしている。このような形態にした理由は、福井大学教職大学院のラウンドテーブルを参考にしたからである。一般的な研究授業では、教科ごとのしっかりとした指導案があり、教師の発問や板書などの指導法について協議することが多く、授業者自評から始まり、講師の指導・講評、そして質疑応答のような形態となっている。しかし、本校では、ほとんどの時間がラウンドテーブルに費やされる。なぜなら、語り合う内容が「生徒にとってよい授業であったか」という点であり、「教師にとってのよい授業」ではないからである。したがって、グループの語り合いでは、「いつも無口なC君が、今日は積極的に話し合いに参加していた。話し合いのテーマが具体的であり、かつ身近な内容だったことがよかったのかも知れない」というものになる。このダイアログ形式であれば、中学校にありがちな教科の壁を取り払うことができ、職種や経験年数を超えて話し合うことができる。また、指導案も授業の流れが分かればよいので、本校では学習展開案と称し、課題・探究・表現の見える指導案を作成している。この繰り返しがＯＪＴにもつながり、若手教員の育成となり、ベテラン教員へのよい刺激となっている。実践報告の場合でも、「今このようなことで悩んでいる」「電子黒板と通常の黒板の使い分けは、どのようにしたらよいか」など自由に意見を出し合い、小グループのため、全員が語り合いに参加できるようになっている。グループ活動が終わると各グループから語り合いの報告が行われ、情報の共有化を図ることができている。その後、福井大学教職大学院の先生方からアドバイスをいただいている。これが大変ありがたいものであり、本校の取り組みを理論的に支援してくれている。つまり、研究と実践を結ぶものとなり、大学院で理論構築を行い、学校で教育実践を行うという双方にとってメリットのある関係ができるのである。

大学院の先生方からは、その日の授業について「D君が、そっとE君に教えている場面があった。これがグループ内でのケアとなり、協働学習の重要な一面である」など、リアルタイムで教えていただける。参加している者たちにとっても、「そういった点が重要なのか」「自分の思っていたことと同じである」と、協働学習の認識を深めるとともに、自分たちの考えを再確認することができる。そして、ラウンドテーブルの進め方も自ずと身に付くようになる。また、「今までは、教師主導で進めてきたが、これからは生徒の自主性を活かす時期である」「教科センター方式の特性を活かし、縦割りで何かできるのではないか」など、中長期的な方向性も示してくれる。本校の研究を正しい方向へ導いてくれるとともに、軌道修正も行ってくれるので、本校にとって、福井大学教職大学院の先生方のアドバイスは精神的な大きな支えとなっている。

（4）福井ラウンドテーブル

毎年、6月と2月に福井大学を会場として「福井ラウンドテーブル」が開催される。これは、日本全国から教育に関心のある人たち七百名以上が集まり、日頃の実践やその成果と課題について語り合うものである。ここには、大学関係者や教師のほか、行政の方や美術館長、さらには中学校の生徒会役員まで参加する。本校からも毎回四、五名の教員が参加しているが、本校の取り組みを紹介するとともに、他の報告から刺激を受けて帰ってくる。日本各地から参加者が集まってくるので、それぞれの地域の特色を生かした実践や今まで知らなかった取り組みなどを生の声で聞くことができる。また、本校の取り組みや自分自身の実践を報告する機会もあるので、研究を整理し、自分の考えを再確認するよい機会にもなっている。教員にとって丸二日間、教育について語り合う機会は、あまりない。ここでもラウンドテーブル形式で協議し、ファシリテーターは福井大学の関係者が担当するので、話し合いも充実したものとなる。教員が実際に福井大学でラウンドテーブルを体験することにより、校内研究会において、その経験を活かすことが可能となる。さらに「ある学校では、こんな取り組みをしていた。形を少し変えれば、本校でもできるのでやらせてほしい」と教員からの提案が出てくるなど、実践報告の刺激がよい形となって現れ始めている。

（5）合同カンファレンス

毎年6月と12月には、福井大学合同カンファレンスが本校と福井大学、福井の教育研究所を会場として開催される。これは、福井大学教職大学院を卒業した教員や現在大学院に通っている学生、そして拠点校の教員などが会場に集まり、実践報告や現在抱えている課題などについて話し合うものである。この様子をネットで結び、3会場をテレビ会議のように中継している。この会議には、本校の若手教員が中心となって、毎回4、5名ほどが参加している。福井大学教職大学院で学んだ他校の教員から話を聞くことができることは、若手教員にとって貴重なものである。「不登校生徒への対応に悩んでいる」「生徒の話し合いがうまくいかない」など、同じ職場の教員に相談できないことも、他校の教員にならば話せることがあるかも知れない。そして、その相談できる相手も同じような考えをもった方たちなので、軸がぶれることはない。本校以外の方たちから、自由に話を聞くことができることは、教員の育成という点で大変貴重なものとなっている。

❸ 大学との連携で変わってきたこと

（1） 教員の意識変化

平成26年度には、教員の約半数の12名が異動によって入れ替わった。12名すべてが「教科センター方式」未経験者であった。また、ＩＴ推進校として電子黒板が設置されていたが、ほとんどの教員が触れたことがないような状況であった。「教科センター方式」というのは、ただ授業を教科ごとの特別教室に受けに行くだけではない。「学びのひろば」と呼ばれるオープンスペースの活用や授業における「協働」「探究」など、多くのものが有機的に結びつき相乗効果を生み出すように機能させる必要がある。このためには教員が「教科センター方式」や「アクティブ・ラーニング」について よく理解し、同じベクトルをもって実践する必要がある。ここで大変に助かったのは、修士課程を取得した2名の教員と福井大学教職大学院の先生方である。日頃から校内で2名の教員が語り、校内研究では大学の先生から話しを聞くことができる。そして、福井大学のラウンドテーブルや合同カンファレンスでも語り合うことができる。これらの直接的、間接的な大学連携を通して、本校の教員の意識は非常に高いものとなってきた。そして、毎日多忙な中、生徒たちに何ができるかを常に考える教員集団となってきた。

（2）生徒の変容

10年ほど前まで、本校は生活指導上課題のある学校であった。しかし、学校全体の取り組みの成果で少しずつ改善されてきた。「教科センター方式」の新しい学校として生まれ変わったことが、大きな要因の一つであることは誰もが認めるところだと思う。「教科センター方式」の導入とともにアクティブ・ラーニングを取り入れ、生徒の自主性を高める指導を心掛けてきた。その結果、平成27年度全国学力・学習状況調査によると「自分の考えを書いたり、発表したりするか」の問いに都や国では約85%が肯定的な回答であるが、本校では91%となった。また、「授業の中で自分の意見を発表する機会があるか」の問いに都や国では65%程度の肯定的回答であるが、本校では85%に至るようになった。授業に臨む態度においても、意欲的に授業を受けに行く姿勢を養ってきたところ、休み時間の移動で授業に間に合わない生徒はいなくなった。さらに、生徒の中からオープンスペースである「学びのひろば」について「作品展示をしたい」「オリンピックの年表を作りたい」などの声があがり、教員と一緒になって改善することになった。また「緑を増やしたい。」との要望が生徒からあがり、自然観察部の協力で正門から玄関までの道の両側にきれいな花を咲かせることができた。このように生徒の自主性が形となり、一緒に学校を創っていこうとする意識が高まってきた。初めは小さな変化であったが現在は部活動や学年行事等にも波及し、生徒全体の積極性や活気として表れ始めてきた。

（3）これからの取り組み

本校で取り組んでいるアクティブ・ラーニングに基づいた「協働」や「探究」は、現在も進みつつある。しかし、個人の学習結果についての評価はできているが、協働場面など学習過程における評価が確立できていない。また、生徒たちが新たな課題について取り組む姿勢も生まれつつあり、問題解決能力は高まってきた。しかし、このように認知できない学力は高まってきたが、認知できる学力については、まだ十分とはいえない。これらの点について、今後大学の先生方と一緒に考えていきたい。

また、大学の先生方から、生徒の自主性を伸ばす時期であるとのアドバイスを受けた。これを受けて、校長と生徒会役員が定期的に話し合う場を設定し、縦割りの学年交流や本校の「ゆるキャラ」作成を現在考えている。今後も生徒会を中心に生徒の自主的活動を積極的に展開していきたいと考えている。

そして、最も重要なのが教員である。現在、修士号を取得した2名の教員の流れを引き継ぐ研究主任がしっかりと研究を進めている。このように教員が入れ替わっても本校の取り組みを継続させていく必要がある。今後も「教科センター方式」のよさを活かし、アクティブ・ラーニングの学びを展開していきながら、生徒を第一に考えていく教員の継続的な育成が必要と考えている。

7　学校と社会のつながり

”生きる力“をともにつくり上げる地域と学校

大阪府立布施北高等学校

❶ デュアル実習の日

毎週火曜日と水曜日の朝は、職員室の教頭席の横にある2つの電話の前に早くから2名の教員が座る。「実習休む…」と電話をかけてくる生徒に、「どうした?」と事情を聞き、「実習先にも同じように、熱出てるから今日は休みます、って電話を自分からかけるんやで。」または「なんで?」「大丈夫、行けるって」、時には「今から家に行くから」と言って出かけていく。

大阪府立布施北高等学校

高度な技術を持った中小企業が集積することから「歯ブラシから人工衛星まで何でも作れるモノづくりのまち」として有名な大阪府東大阪市に位置する。全校生徒数は約600名。学科は普通科とデュアル総合学科（平成27年現在）を併設。平成27年度は創立38年目にあたる、大阪府では比較的新しい府立高校である。

本校ではほぼ毎週、火曜日は2年生、水曜日は3年生のデュアル総合学科生徒それぞれ2クラスが「デュアル実習」に行く日だ。生徒は直接それぞれの事業所や店舗、学校や保育所などに、その始業時間に合わせて通い、6時間以上の実習をして帰宅する。学校には登校しない。

1時間目が始まると、実習巡回担当の教員たちがデュアル準備室に集まってくる。まずはその日の欠席連絡、そして今から巡回する生徒たちの昨日までや先週の気になる情報、企業・事業所等の情報などを巡回訪問に出る前に確認・共有しておく。それをしておかないと、巡回に行った先で思わぬことが起きていたり、知らないでは済まないことも多々あるからだ。また実習先に、予定に合わせて伝えておかないといけないこと、渡すべき書類、お願いすることなども毎回のようにある。全員が担当する実習先とのパイプ役であることの責任を負っている。

打ち合わせが終わるとそれぞれが担当する実習先、たいていは8か所ほどを巡回しに出かけていく。電車・徒歩で回る者もいるが、ほとんどは自転車だ。雨の日も、風の日も、酷暑の夏も、極寒の冬も、自転車で、多いものは20キロ以上を自転車で回る。何度か回ると巡回先の事情がつかめてくる。この実習先は工場で朝早く始まっているから先に回ろう、とか、保育所はお昼寝時間に行っても生徒の活動の様子は見られないからお昼ごろまでに行こう、とか、美容院は開店時間が十時だから少し遅め、ここは夕方が落ち着いていてよさそうだ、とか。必ず毎回訪ねて行き、実習先を困らせていないか、生徒が困っていないか、あるいは実習先に「こんなことができるようになった」とほめていただいたり、生徒ががんばっている様子を見たり。この巡回での把握が、翌日以降に生徒が提出してくる実習ノートを介しての効果的な指導助言につながり、生徒と共に実習を振り返り、次回の実習までの目標設定となったり、実習での不安を払拭するための面談となったりする。実際には、実習先に巡回に行って「無断欠席です、いったいどうなっているのか?」「指導に従わない、打ち切りたい」と叱られることも珍しくはなく、その場で生徒と話したり、教頭や首席教諭に連絡して来てもらったり、学校に連絡を入れて巡回の途中で生徒宅へ迎えに行く、ということもある。

長い1日の終わりには、報告会が待っている。巡回に出ていた10人ほどの教員が、帰り次第コンピュータに報告を打ち込み、午後4時半ごろにデュアル準備室に再び集まってくる。その日の生徒や実習先の様子を互いに話し合い、翌日からの担当生徒の指導について共通して理解しておく。そして翌日の「デュアル基礎」「デュアル演習」といった校内での授業時間や、生徒が実習ノートを持ってきた時、またはノートへのコメントなどを通じて、生徒が心折れずに前向きに実習に取り組めるようサポートする。

❷ 布施北版デュアルシステム

(1) デュアルを始めたきっかけ

布施北高校は昭和53年に地域の強い要望を受けて開校した。第二次ベビーブーム世代が高校入学となり、府立高校が次々開校したころで、府立高校の中では比較的新しい学校である。開校後20年ほど経った布施北は、進路が決まらないまま卒業していく生徒が半数近くという年もあり、退学する生徒も多かった。荒波にもまれるような日常の中、平成14年度のころ、当時の管理職が学校改革に乗り出し、その中の一つとして取り組んだのが、このデュアルシステムである。教頭は平成15年に出された「若者自立・挑戦プラン」に着目し、布施北高校は翌年文部科学省の「キャリア教育推進地域指定事業」「専門高校等における日本版デュアルシステム研究指定事業」に3年間の指定を受ける。平成16年度には15地域20校、平成17年度にはさらに5地域5校を加えた指定の中で、唯一の普通科高校が布施北高校であった。このとき指定を受けるのは容易ではなかった。事業名にあるようにこれは工業・商業といった専門高校の職業訓練がイメージされたプランであり、「普通科がデュアルシステムに取り組んで何になるのか?」と厳しい指摘を受けながら計画書を出し続けてやっと受けた指定であったと当時の関係者から聞いている。ニート、フリーターが社会問題として浮上し、まだ「キャリア教育」という用語・概念が浸透していなかったころ、早くも布施北高校では、「技術を定着させる」のみにとどまらない「社会に出て働くというのはどういうことなのか」「働くことにはどんな意味があるのか」を実体験させる真のキャリア教育の取組みを独自に具体的に始めていたのであった。

（2）布施北版デュアルシステムの変遷

もちろん、初めから学校を挙げてこの取組に賛同を得たわけではない。それどころか、「校内だけでも大変なのに、何を始めるのか？」「生徒を外に出して企業に迷惑をかけたら、就職先まで失ってしまう」「生徒が失礼のない態度を取れるようになるまでしつけてからでないと外に出せない」など、さまざまな意見・危惧があった。

しかも、実習を引き受けてくれる事業所はなかなか見つからない。飛び込みでのお願い、思いつく限りの場所に出かけていき、紹介に次ぐ紹介の中で少しずつ引き受けてくださる先を見つけていった。そんな中で、東大阪の中でもボーイング社の部品やロケット部品を製作しておられる大阪工作所の高田会長が「力を貸してやろう」と言ってくださり、初め週1回半日の職場実習を計画した学校に「そんな短い時間で、その会社のことがわかるか！　来るんやったら一日かけて来い！」と一喝されて、毎週、まる一日、の実習が始まった。

初めは2、3年生の選択生徒たちで、それも教員が声を掛けていった。やんちゃな生徒が注目を引き、おとなしい生徒はその影に隠れるように静かに過ごしている。気が付くと休み始め、退学、ということもある。そんな、おとなしい、なかなか支援のきっかけをつかみにくい生徒たちに教員たちは声を掛けていった。平成17年度、17名から始まった実習は、携わった教員たちの手応えから、平成18年度には「デュアルシステム専門コース」設置となり、ついに平成25年度には2クラス募集の「デュアル総合学科」が普通科4クラスと併設されることとなった。このデュアル総合学科設置に当たっては、地域の100を超える協力事業所から大阪府へ「設置要望書」が出され、「地域ぐるみで学校を変えていこう。」という意気込みであった。

（3）布施北高校でのシステムの実際

布施北高校のデュアルシステムにはいくつかの特徴とこだわりがある。

①　マッチングにかけるこだわり

実習先を4つの分野（「製造・現業」、「販売・営業」、「保育・幼児教育」、「介護福祉・看護」）に分類し、生徒の希望・生徒自宅と所在地との距離・相性などにも気を配り、行き先を決める。生徒が「こんな職場で実習してみたい」と希望すれば、希望の職場を探すこともある。

一人ひとりの行き先決定のための会議は何度も開かれ、時には議論が白熱して午後10時ごろまで何度も開くこともある。担当者は「ここでしっかり考えてマッチングしておくことが、後の実習成功の鍵」と言う。マッチングにこだわるためには、生徒の気質や特徴はもちろん、事業所の雰囲気や経営者の方の考え、その事業所での過去の実習生の事例まで、細部にわたって把握しておくことが肝要である。

② 巡回することのこだわり

もう一つ、本校がこだわり続けているのは、どんなに多くの生徒を実習に行かせても、必ず毎回実習先を訪問し、全員の実習先でのようすを把握していることだ。いわゆる〝丸投げ〟には決してしない。これはもちろん実習が6単位の単位認定され、成績評価を行うからであるが、それだけではない。このシステム構築の中心となった一人である教頭先生は、「協力依頼ではなくて連携依頼なんです。お願いするだけではなくて、こちらも相手の力になれることを返していこうとする、これがないと続きません」と言った。自社の新入社員教育さえ工夫している中で実習をお願いするのは、事業所に大きな負担を飲んでいただいていることを肝に銘じておかないといけない。特に生産性が直接損益につながる製造業などでは、実習を引き受けるのは「損益覚悟」ということだ。だから「東大阪市民ふれあい祭り」やその他、実習先が関係するイベントやボランティアにはできるだけ生徒を連れてお手伝いに参加する。そんな中で引き受けてくださる事業所や校園が、いまや130以上になっているのは、ありがたい限りである。

③ 生徒に迫ることのこだわり

何を迫るのか。まず、本校の実習は、「一つの職場に一人の生徒」が原則である。インターンシップなどで、一つの職場で数名の生徒が数日職場体験するのはよく聞くが、本校では「仕事をしている知らない大人たちの中に一人で入っていく」ことを生徒に課している。熟練した大人たちの中に子どもが一人で入っていくのは、大変なことだ。生徒でなくても心細いし、「親切にしてほしい」

と甘えた気持ちになりがちである。2回、3回行くと「いやだ」「行きたくない」と言う生徒も多い。だから、毎回見に行って、声を掛けて、翌日も声を掛けて、実習ノートにも書き込んで、「しんどいからこそ力が付く」と励まし続ける。たとえば生徒が自分の卒園した保育園に実習をお願いして了解していただいても、その生徒はその保育園には実習に行かない。厳しいけれど、それを課している。

学科になってこれまでの1・5倍から3倍ほどの生徒たちが実習に行くことになって、関わる教員数も一挙に増えた。以前は専門的に関わる教員によって動いてきたが、教科会議も20人ほどになった。ベテランが助言し若い教員が経験を積み、世代交代を進めている。

❸ 地域の応援団

これほど熱い応援団に見守られている学校は珍しいのではなかろうか。まずこの方を置いては布施北のデュアルについて語れないのは、先ほども触れた、大阪工作所の高田会長である。この方は当初から毎年デュアル生徒を受け入れてくださってきた。学校に対して辛口の意見も辞さないが、この方の思いなしにはここまで実習先は広がらなかったと断言できる。高田会長には夢があり、布施北のデュアル生の中から25歳で社長を出すという「25歳社長プロジェクト」を生徒たちに説いておられる。大阪工作所に実習に行った生徒には最後に記録をまとめてアルバムにしてくださり、会社の受付には代々実習に行った生徒たちの写真が飾ってある。生徒にも、学校にも、もちろん自分の会社にも、関わるものすべてに情熱と愛情を注ぐ方である。

もう一人、株式会社アドバンスの安川会長がいる。この方はアイデアマンで非常に多くのつながりを持っていて、魔法のようなアイデアを次々繰り出し、困ったときに相談すると必ず展望が見えてくる素晴らしい方だ。平成27年度のデュアル発表会のときにも、「デュアル実習をもっと大規模にずっと続けていくためには、行政を巻き込まないといけないよ」と言われて、発表会に東大阪市長と大阪府教育委員会教育監を来賓としてお迎えすることができた。さらに、教育関係者だけでなく、労働やＮＰＯ関連の部署まで、多数広範囲な行政の方たちに本校の取組みを観ていただくことができた。

ほかにも、地元の商店街の方がいる。この方が商店街に呼びかけてくださったおかげで「販売・営業」分野の連携先を一挙に増やすことができた。また、大阪府中小企業家同友会の方たちも、「今どきの高校生を職場に迎え新入社員教育を考えるきっかけにしたい」と言って、ずいぶん受け入れていただいた。さらに同友会本部事務局の次長が力を入れて、会員の例会や勉強会に講師として呼んでいただき、何度も説明に行く機会を作ってくださった。あるとき同友会の集まりで、勉強会のあと一人の社長さんに言われた。「実は、何年も前だがおたくの高校から一人採用したんです。で、すごく社員ともめて辞めていった。みんなショックで『布施北からは採用せんとこう』とまで思っていたけど、今日の勉強会でイメージが変わった。学校もがんばってて、たくさんの会員企業が受け入れているんやったら、もう一度実習から引き受けてみようと思う」もちろんまだまだ必死で連携先を求めて訪ね歩いているが、スタート時に比べると輪は広がり、ＰＴＡのつながりで紹介してもらったり、口コミも多い。

実習に行った生徒が欠席が多いことで叱られることもあるが、一方「あの子はそんなに悪い子じゃないですよ。進級できますか？」と、気に掛けてくださる。本校に転勤してきて初めてデュアルに関わった教員が言った。「〇〇は欠席が多かったんです。担当の自分は謝ってばかりでした。続けて休んだ時に謝りに行ったら、社長さんに『〇〇さんどうしてるん？ 進級大丈夫なんか？』と言われ、気分も重く自転車に乗って帰ろうとしていたら会社の外に走って追いかけてこられた。『卒業させたってや！』と何度も心配そうに言われて、半期でたった十回ほどの実習で、こんなに生徒のことを心配してくれる実習先の人たちに学ばないといけない、と衝撃を受けた」。

また、何度も実習巡回を担当している教員は、「いつも『お願い』ばかりなんです。仕事の最中にお邪魔して、仕事中断して。だから、年度末に思いついて個人でお礼状を出したんです。生徒には書かせますけど、教員も、と思って。そしたらすごく私のこと覚えていただいて、次に担当することになった時、会社に行ったら、『また先生が回ってきてくれることになったんや』って歓迎してくださって。温かいんです」。

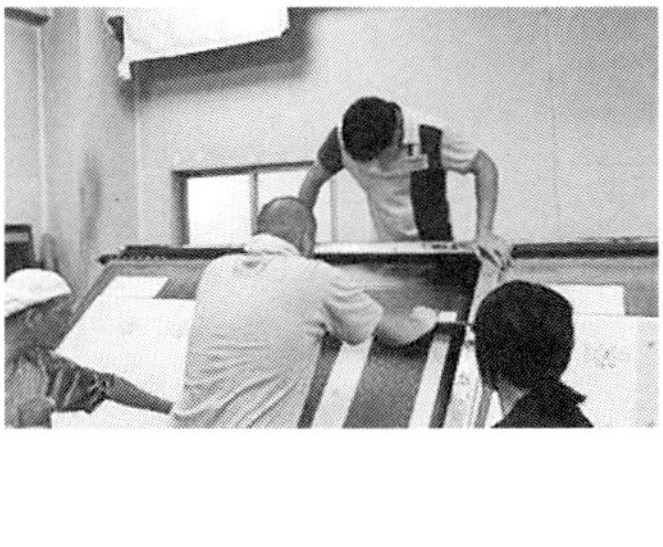

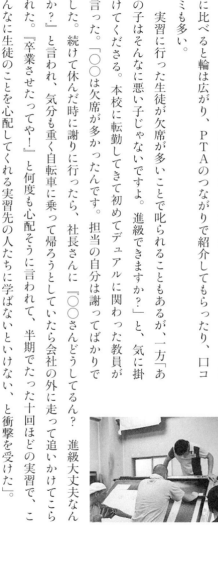

❹ 懐かしい生徒たち

「尊敬する人」を見つける生徒も多い。珈琲店に通った生徒が欠席が多く、店長さんに怒られた。「もう来るな」と言われるかと思っていたら、「夏休みにやり直しに来い」と言われ、7日間連続で通って、その生徒が言ったのは「俺はあの店長さんの言うことなら何でも聞く」。

本校は「中国等帰国生徒及び外国人生徒選抜」実施校であり、外国ルーツの生徒も多い。言葉の壁もあり風習や職業観も異なる。「自分が帰ろうとしていたら、『お疲れさま』と言われた。母国では、疲れるまで働くのは仕事のできない人なので驚いた。でも慣れてきたら、日本で働くことは細やかな気遣いが必要で、それができるととてもうまくいくことがわかってきた」と言った生徒がいた。単なる日本語習得だけではなく、職場の人間関係の中で生きた日本語を覚えていく生徒も多い。

関わる教員に共通する感想は、「学校と違う生徒の顔を発見する」ことである。生徒たちの現実は厳しい。家に帰ると現実がある。学校でも厳しい現実を突きつけられる。でも実習先は全然異なる場所。褒められて自尊感情が高まる子どもを何人も見てきた。学校ではどんどん自己主張する生徒が敬語を使ってまじめな顔をしていたりする。おとなしくて教師が話しかけてもあまり口を開かない生徒が実習先で何人もの大人と話をしていたりする。こまめとは思っていなかった生徒が実習が終わったあと、担当者が実習先の保育園の方から実習ノートを預かったとき、学校が課しているノートのほかにもう一冊のノートを渡された。「自分でもう一冊書いていて、担任の先生とやり取りしていたんです。よくがんばったので褒めてあげてください」。彼女はノートに毎回経験したことと思ったことをびっしり書いていた。実習先で教えてもらって名刺を作った生徒のところに行って「名刺交換してやってください」と担当者に言われた。照れながら名刺交換したとき、彼の手はぶるぶる震えていたが、「よろしくお願いします」と言った顔を見たら、晴れやかな笑顔だった。生徒たちは体験から将来を考える。福祉の道に進もうと決意する生徒もいた。製造業に就いた生徒もいた。保育の短大に進んで、「座学は苦労したけど、保育実習では一番の成績。デュアルで慣れてたから。」と自慢しに学校に来た生徒が保育士になって就職したとき、保護者であるお母さんから、「娘がまさか保育士になってくれるとは思っていませんでした。デュアルがなかったら短大も行かなかったと思う。デュアルで娘の人生は変わりました」と聞かされた。

順風満帆の生徒ばかりではない。でも、生徒たちはたくさんのことを学び、強くなって生きていくと信じている。

第3部

「つながり」が生む学校の力

（若槻　健）

本書では、「つながり」をキーワードにして小学校、中学校、高等学校20校の取り組みを紹介してきた。それぞれの学校で、教師をはじめとした関係者がつながりを生かすことで教育実践をより豊かにしてきた。それは取り組みをうまくこなすためのハウツーものというよりは、学校にかかわる教師、子ども、保護者、地域住民等が、お互いを認め合い協働するなかで生み出された固有の物語である。後述するが、つながりは、教育の手段や手法というよりは、認識＝物事の捉え方のあり方を示すものである。学校教育を一人ひとりがそれぞれ頑張るものとして考えるのか、つながりの観点から考えていくのかという「教育モデル」の違いである。読者の皆さんにも、この20の物語から、教育にかかわる人々が個別に頑張るだけではなく、つながることで生み出されるより大きな推進力や新しい知恵を感じ取っていただけたと思う。

20校は、①「教師と子ども」、②「子どもと子ども」、③「教師と教師」、④「学校と保護者」、⑤「学校と地域」、⑥「学校と学校」、⑦「学校と社会」という7つの「つながり」に割り振られている。はじめにお断りしておきたいのは、各校には本書の構成上いずれかのつながりに焦点を当てて執筆いただいたが、それ以外のつながりもとても豊かだということである。たとえば、⑤「学校と地域」で登場する箕面市立萱野小学校は、私が十数年来授業づくり等でつながりを持っている学校であるが、同校は学校と地域とのつながりだけでなく、ほかのつながりも同様に豊かである。子どもたちの学びあいを大切にし、人権教育担当グループを中心とした教職員集団づくりが学校を動かし、保幼小中連携を通じて子どもを長いスパンで育むことがめざされている。同じようなことは他の19校にも当てはまる。おそらくつながりの大切さ、つながりの力を知る学校は、教育実践の様々な部分でつながりを生かそうとするので、学校全体に多様なつながりが生まれてくるのではないだろうか。したがって、本書で取り上げた学校の取り組みは部分的であり、その背景にはもっと豊かな教育実践が隠れていることを述べておきたい。それでは、各校のつながりを振り返っていこう。

❶ つながりの持つ力

（1）教師と子どものつながり

教師と子どものつながりでは、2つの学校に執筆いただいた。一校は、日々の学校生活における教師と子どもの信頼関係に、もう一校はつながりを保障する仕組み（制度）に焦点が当てられている。言い換えると、前者はつながりの「思い」の部分に、後者は「仕組み」の部分に強調点が当てられている。

まんのう町立満濃南小学校は、教師と子ども、さらには子どもと子どもが信頼でつながる学校文化の構築をめざし、日々の教育実践で丁寧に子どもたちにかかわっている。朝教室で登校してきた子どもを迎えあいさつと会話を交わす、朝の会で子ども気持ちを学級で共有し、教師の思いを伝える。休み時間には子どもと遊び、掃除では頑張りを促す。子どもたちの頑張りを丁寧に見とり、よさを認めることから教師と子どもの間に信頼関係が生まれている。「当たり前」の積み重ねが、つながりを生み出し、子どもたち一人ひとりの自己有用感を育み、自立へと導いている。

西宮市立高須中学校では、40人学級を20人×2つのユニットに分け、それぞれに担任を配置するユニット制を通じて、教師と生徒のつながりを深めている。生徒たちは授業の多くは40人学級で受けるが、少人数授業や朝学活・終学活・道徳・学活・総合・給食・掃除といった活動はユニットで行っている。ユニット制を敷くことで、仕組みとして教師と生徒の距離を近づけている。ユニット制により、教員は生徒一人ひとりにきめ細かくかかわることができ、生徒指導だけでなく、「基本的な生活習慣」の確立や「確かな学力」の育成につながっている。またユニット制は、教師がチームを組むことでベテラン教員と若手教員のつながりを生んだり、少人数で生徒間の人間関係が深まるなど、つながりの広がりが語られている。偶然に任せて教師と生徒のつながりを生み出すのではなく、仕組みを生かしてつながりをつくり、維持していくところがユニット制の特長であるといえるだろう。

(2) 子どもと子どものつながり

子どもと子どものつながりでは、4校に執筆いただいた。まずは、序章にも登場した布忍小学校である。同和教育・人権教育を基盤に子どもたちの集団づくりを教育の核に据え、「効果のある学校」としてもよく知られる小学校である。子ども同士のつながりは、自然に出来上がるものではない。なぜなら学校には様々な生活背景を持った子どもたちが通っている。仲間を欲しながら逆に傷つけてしまうような言動をとってしまう子どもたちもいる。「よさ」が見えにくい子どもたち同士を教師がつなぎ、「よさ」に依拠した集団が、遊びを通じて、授業を通じてつくられていく様子が描かれている。その背景には、教師の子どもたちへの絶対的な信頼が、その裏返しとして子どもたちの教師への絶対的な信頼がうかがわれる。

広島市立観音中学校は、授業の中で育まれるつながりに焦点を当てている。生活班と学習班を重ねた四人班で「教え合い」・「学びあい」を核にした授業づくりが行われている。「生徒のつながりのある授業を実践することが学力の向上につながる」という仮説が実証される様子が描かれている。つながりを活かした授業では、学力が向上すると同時に、生徒間に信頼関係が育まれ、互いに助け・助け合う仲間となっている。教師が子どもたちに「協力しなさい」「助け合いなさい」と説教してもあまり効果は期待できないが、班で問題の解決にともに取り組んだ仲間は、認め合う大切な存在となりつながりが深まっていくのである。

信濃町立信濃小中学校は、異年齢のつながりを生かし、小中一貫で「自尊感情」を育むことを教育実践の核に据えている。運動会や文化祭など学校行事をはじめとした日々の取り組みのなかで、上級生と下級生が共に行う活動が設定され、下級生の「憧れ」を生み、かれらのまなざしが上級生の「誇り」を育てている。勉強が苦手で授業では「教えられる」、「支えられる」ことになりがちな生徒も、縦割りの活動では、「頼られる私」、「慕われる私」を経験し、自尊感情が高められているのである。

久留米市立南筑高等学校も、授業を通じて生徒のつながりを育んでいる。高等学校で協同学習に学校全体で取り組むところはまだまだ少ないが、南筑高校では全教科・全領域において「協同学習」を実践している。その土台には、人権・同和教育がある。人権・同和教育を追究してきた南筑高校は、学力を「知識的側面」に加え、「価値的・態度的側面」、「技能的側面」からとらえる「協同学習」にたどりついた。班やペアでの学習を通じて積極的に授業に参加する生徒が増え、仲の良い友人だけでなくいろいろな生徒とコミュニケーションをとることができるようになっていった。「一人ひとりが安心できる学べる空間をつくる」という目標を生徒、教職員が共有し、学校全体につながりが醸成されている。

（3）教師同士のつながり

続く2校は、教師同士のつながりである。大阪狭山市立東小学校では、若い世代の育成という観点から若手教員とベテラン教員のつながりを大切にしている。大阪の小学校では20～30代の教員が大半を占め、40代がほんのわずか、50代が退職によりどんどん減少しているという教員年齢の偏りが問題となっている。若手教員の力量を育成することは急務の課題であるが、東小学校では校務分掌のリーダーに若手教員を配置しOJTで育てながら、かれらの力を生かした学校づくりを行っている。「学級開きの学習会」や「朝のミニ学習会」、「がじゅまるカフェ」などベテラン教員から学ぶ機会も日常的かつ計画的に設定されている。また「教育相談システム」を生かすことで、教員は孤立することなく学級運営に取り組むことができる。学びの基礎的環境整備として授業に一定の統一を与える「東小スタンダード」も、若手教員の授業づくりを支えている。すべての教員が同じ視点で授業づくり、生活指導、学級運営に当たるという教師同士のつながりのなかで、特に若手教員にとって困難を乗り越えやすくなり、また校務分掌を任されることで力量を高めることにつながっている。

小樽市立稲穂小学校では、取り組みを学校全体で「ゆるやかに」統一させることで、6年間の積み上げのある教育体制が築かれている。それぞれの担任の思いや願い、個性を生かしつつ、指導方法、学習規律、生活規律等を統一させ、子どもたちに積み上げのある教育実践が行われている。「文字・漢字」、「話す・聞く」、「音読」、「書く」、「計算」、「学習用具の使い方」、「基礎体力」の7項目に「全員定着目標」を設定し「定着確認テスト」を行う。算数科では、指導過程、板書、ノート指導を全学年、全学級で統一している。

両校とも、取り組みを統一し、同じ方向を向いて教育に携わる組織体制が整えられる中で学校全体の教育力が高められている。その統一した方向性は上から与えられたものではなく、教員が議論を重ねた上で導き出した目標である。そうした体制と方向性は、教員の実践を縛るものではなく、助けてくれるものとなっている。

（4）学校と保護者のつながり

かつて、学校教育は学校内で完結するものだと思われていた。しかし、今日では保護者とともに、地域とともに子どもを育てることの大切さが重視されるようになってきている。同時に学校間の連携やより広く社会とのつながりを教育活動に含むことが求められるようになっている。そうすることで、子どもたちの学びと育ちの環境をより豊かにすることが期待されている。

学校と保護者のつながりでは、家庭訪問から生まれる信頼感を描き出す深津小学校と、漢字検定全員受検の取り組みを中心にした弘道第一小学校の実践が紹介されている。西宮市立深津小学校では、保護者の信頼をえるため家庭訪問を積極的に、日常的に行っている。すべての保護者が学校に協力的というわけではないし、不信感を持った保護者はどの学校にもいるだろう。仕事や生活に追われ、学校行事に参加できない保護者もいる。そこで教師のほうから家庭に出向いていく。家庭訪問を通じ、日常的に子どもたちのよさを保護者に伝え共有し、子どものことを共に語り、相談するつながりが生まれている。また、家庭訪問で子どもの生活実態を知り、学校での言動の背景にあるものを理解している。教師は子どもとだけでなく、保護者とも信頼関係でつながる。教員と保護者は、子どもを共に育てる仲間となるのである。

足立区立弘道第一小学校の漢字検定の取り組みは、漢字が書けない、自らの目標を設定しそれに向かって頑張るという経験が少ないという子どもたちの実態から出発している。子どもたちの課題に向き合い、漢字検定・数学検定に取り組む学校の姿勢に保護者が共鳴し、廃品回収を通じて経済的に取り組みを支援するつながりが生まれている。子どもたちは、漢字の力をつけるとともに、やればできるという自信をつけたことだろう。さらに、保護者の支援活動を見た子どもたちは、自分たちが大切にされていると感じながら育っていっているだろう。

(5) 学校と地域とのつながり

学校と地域とのつながりでは、4校それぞれが抱える課題を地域とともに解決する試みが描かれている。はじめの大阪市立南小学校は、児童の4割が外国にルーツを持ち、日本語を話すことのできない子ども、保護者もいる。かれらが異文化社会(日本)で暮らす厳しさ、子どもたちの学習、学校生活の困難さに立ち向かうため、南小学校では「自文化理解を基盤とした多文化共生の学校づくり」に取り組んでいる。自分たちのルーツを学ぶ機会を保護者や母国の方の力を借りて生み出し、また、老人クラブの方との「むかし遊び交流会」、商店街の方々からまちのよさを学ぶ「まちのすてき はっ見たい」など、校区である大阪ミナミの町を意識した取り組みが積み重ねられている。

そして学校外には、外国にルーツを持つ子どもたちの学習支援と居場所として「Minamiこども教室」が生まれていった。

箕面市立萱野小学校では、地域に学び、学んだことを地域に返していこうという人権総合学習が積み重ねられてきた。子どもたちは、萱野のまちをフィールドに、様々な人たちの思いに触れ、積極的に人や地域とかかわる意欲と力を高め、自分の世界を広げていく。低学年では仲間や地域の人々とのつながりの楽しさや温かさを知る「人権基礎総合学習」、中学年では自分の得意を生かしつつ他者を意識した「パフォーマンス系総合学習」と地域から学ぶ「地域系総合学習」、高学年ではそれらを基盤としてよりよい社会づくりに参加する「人権起業家教育」が行われている。そのなかで、被差別部落、外国人、性的マイノリティ、障害といった私たちの社会が差別を克服できていない問題に挑む大人に育てていくことがめざされている。

松原市立松原第七中学校は、市内で最も新しい中学校で、歴史的な地域のまとまりがない中から学校が中心となって「松原第七中学校区」として教育コミュニティづくりに取り組んできた。その核になるのが、学校と地域が協働する子育ての取り組みやボランティア活動を行う「地域教育協議会」と11月に中学校で行われる「校区フェスタ」である。フェスタでは中学生がスタッフとして活躍し、達成感を味わっている。生徒会が校区の年少の子どもたちの遊びと交流の機会として「涼もう会」、「HOT×ほっと会」を企画運営したり、様々なボランティア活動に取り組んだりもしている。地域の一員として貢献する中で子どもたちは自信をつけるとともに主体性が育まれている。学校と地域がつながることで、学校を越えた活躍の場が用意されているのである。そうした中学生を見て、小学生や就学前の子どもたちはあんなお兄ちゃんお姉ちゃんのようになりたいとあこがれを持つ。地域は、異年齢の子どもたちがつながる場でもあるのだ。

島根県立横田高等学校では、「だんだんカンパニー」をはじめとした取り組みを通じて、高校生が地域の力を借りて学びを深め、学んだことを生かして地域の活性化に一役買っている。だんだんカンパニーは、高校生が仮想会社の社員として地元の産物を生産・製造から販売まで行う。その過程では、地域の方の力を借りながら企画を練り、市場調査を行い、広報も手掛けることになる。生徒は、問題解決力や協働する力、コミュニケーション力などを身につけていくが、それと同時に学校と地域の「魅力」を発信していく役割も担っている。過疎化問題を抱える町と入学者減を抱える高校がつながりの力を生かすことで互いに「魅力」を生み出しているのである。

（6）学校と学校のつながり

続く4校は校種間の連携に焦点を当てている。田川市立金川小学校では、保育所と小学校の段差を小さくし、子どもたちが安心して学び育つことのできる環境づくりがめざされている。就学前の子どもたちの生活状況をアンケート調査によって把握し、子どもの生活体験や保護者の養育態度が学力と相関関係があることが認識されている。「保小中連絡会」で教員と保育士が議論する中で子どもの課題を共有し、子どもの見とりや教育内容の見直しなど、それぞれの取り組みを改善していった。体験不足を補うための行事を開催したり、保護者のかかわりを促すなどつながりを深めている。就学前の子どもたちの実態を丁寧に把握することで、子どもたちの実情に即した保育・教育がすすめられている。

茨木市立豊川中学校区では、以前より「18歳時点での多様な進路選択のできる子どもたちを育てよう」、「人権感覚あふれる、子育てに強いまちづくりをすすめよう」をキーワードに、地域・家庭・学校が子どもたちの現状と課題を共通理解し、その課題解決に向けて様々な取り組みを行ってきた。小中連携では中学校区全体で「聴きあい学びあう子どもたちの育成」と「子どもたちの学びの連続性」をテーマに四人班、コの字型の座席で授業を行い、合同授業研を開催し、全教員が最低年一回の授業研を実施するなど、中学校区としての授業づくりが高められている。中学校の教員は小学校の授業からきめ細かな指導などを学び、小学校の教員は中学の授業へのつながりを意識して自らの授業を振り返る。子どもたちの生活と学習の実態を小中の教員が共有し、同じ方向を向いての取り組みが深められている。

井手町立泉ヶ丘中学校では、「すべての生徒の学力向上と希望進路の実現」をめざし、「井手町人権・同和教育研究会」が町内の保育園、小学校さらには関係高等学校とともに作られた。「学力保障」、「人権・部落問題学習」、「生活指導」、「加配交流」のセクションが設けられ、課題の大きな子どもをはじめとしたすべての子どもについて、生活実態・家庭の背景や地域での様子等をきめ細やかに語り合い、情報の共有化が図られている。さらに、小中合同研修会や合同授業参観、合同授業研究会を行い、教職員間の連携とコミュニケーションが深められている。また、小中共同の生活学習アンケートで学力実態・生活実態を共有したり、「井手町授業方程式」、「スパイラル学習」、「個別支援プログラム」など小中で取り組みを共有化するなどしている。それが、すべての子どもたちに「包み込まれているという感覚」を実感させることにつながっているという。

大阪府立福井高等学校では、地元の高校として多様な学力の生徒を受け入れ、中学校まででつながった仲間関係を大切にする学校として歴史を歩んできた。現在も、学校の取り組みとその方向性は地元の複数の中学校と構成される「育てる会」での議論から大きな影響を受けている。入学前の生徒について、配慮が必要な事項を中学校から聞き取り高校入学後のきめ細かな指導につなげる「中学校訪問」や、入学後の生徒の様子を中学校と共有する「中高連絡会」など情報の共有が図られている。18歳時点での自己実現・多様な進路選択のできる力を子どもたちに育むために、中高のつながりが大切にされている。

(7) 学校と社会のつながり

最後のセクションは、学校と社会とのつながりである。板橋区立赤塚第二中学校では、福井大学教職大学院の拠点校として授業研究を進めている。「教科センター方式」という中学校では珍しい仕組みを充分に活用し、生徒にとって「よい授業」とはどのようなものか、日々議論と実践が進められている。生徒指導上の課題が大きかった同校は、福井大学とのつながりを生かし、アクティブ・

ラーニングと生徒の自主性を高める指導に努め、授業に臨む積極的な姿勢が向上するなど成果を上げている。

大阪府立布施北高等学校は、学校と職業体験の場という2つの場を行き来する中で、生徒たちに学習意欲や職業観など育み、卒業後の進路につなげる「デュアル実習」を行っている。生徒は毎週丸一日事業所や店舗、学校や保育所などでの実習につく。学力や人間関係、生活態度など様々に課題のある生徒たちが、実習先で自信をつけたり、責任感を学んだり、働くことの喜びを感じ取ったりしている。

近年キャリア教育・職業教育や主権者教育に注目が集まっているが、学校で学んだことは、高校や大学の入学試験をクリアするためのもの（だけ）ではなく、社会に出てから子どもたちが多様な進路を切りひらく支えにならなければならない。そのために学校と社会とのつながりは今後益々重要なものとなっていくだろう。

❷ 協働の教育モデル

ここまで、20校の教育実践を振り返りながら「つながり」の多様な力を整理してきた。20の学校の取り組みから、教師の役割は「つなぐこと」であることが見えてくる。子どもと子ども、子どもと大人、子どもと社会をつなぐ。子どもたちは、今は教師のサポートを得て、また仲間に支えられながら、様々なつながりをつくっていく。そして将来的には一人ひとりの子どもたちが、自力でつながる力を身につけていくことが求められている。教師はその手助けをすることになる。

また教師自身も互いにつながり共に教育活動に取り組むことで大きな力を発揮している。教師はしばしばすべてを一人で抱え込むことが指摘されてきた。いわゆる学級王国である。教師が困ったときにだれにも相談できない、学級の子どもが独善的な教師の言動に困っていても助けを求められない。そうではなくて教師集団としてつながり、一丸となって教育に臨むことで、子どもたちに安心して学び育つ環境が整えられる。

さらに、教育は学校だけで行うものではなく、保護者や地域社会、他校種、大学や職場との連携を生かすことでより豊かになる。その際に、一部の教員が学校外の人々とつながるのではなく、学校全体としてつながることが大切であることも学校の取り組みから見えてきたのではないだろうか。

さて、本書を通じてつながりは教育実践を深く豊かなものにする手段であるとともに、つながり自体が追求すべき目的であることが見て取れたのではないだろうか。学力を高めるためにつながりは効果的であるが、同時に子どもたちが信頼し合っている、教師と子どもが信頼関係でつながっているといったつながりが豊かにある状態を私たちは望ましい状態として価値づけているのではなかろうか。

第1部でも登場した池田寛教授は、つながりが子どもの学びと育ちの環境を豊かにするという観点から学校と地域の協働について論じ、大阪を中心に教育コミュニティづくりを提唱、推進してこられた。教育コミュニティとは、「学校・園への参加を通じて新たにつくられる人のつながり」であり、「学校・園を地域教育の中核として位置づけ、学校・園と地域との交流を促進する運動」でもある（池田寛編２００１『教育コミュニティハンドブック』解放出版社）。学校・園が地域の中心となって子どもたちを育むつながりを結ぶことを20年前から主張していたのである。そして、そのつながりは、学校に地域が協力する「連携」というよりは、ともに知恵を絞り、汗をかき、新しいコミュニティを創出する「協働」であると述べている。「協働」関係においては、学校と学校外の組織が単独ではなしえなかった活動が可能になり、双方に「われわれ」意識が生まれるとされる（表1）。

つながりは、一人ひとりが個別に頑張るよりも多くのことを可能にしてくれる。しかしそれ

表１　連携モデルと協働モデル（池田、2001、16 頁）

	連携モデル	協働モデル
1. 課題の共有	浅いレベルでの共有	深いレベルでの共有
2. 情報の流れ	一方から他方への発信 必要に応じた情報公開	相互に情報発信 最大限の情報公開
3. 価値ある情報	それぞれの側の内部に重要な情報が内蔵されている	交流によって意味ある情報が生み出される
4. 関係の形態	いずれかの側が主導権を握る	対等な立場での関係づくり
5. 役割の認識	それぞれ独自の役割を担う 「こちら」と「あちら」の意識が維持される	役割は場合に応じて相互交換され共通の役割が生み出される 「われわれ」意識が生まれる
6. 参加の形態とその結果	部分的 連携による組織自体の構造の変化はない	全体的 協働にともなう組織自体の構造変化
7. 成果	追加（付随）的	革新的 協働がなければ生まれない成果

だけではなく、つながりは異なる立場の人々を結び付けお互いを変容させもする。ともに取り組む推進力となるとともに、互いにとって良い方向を見つけ出すことにもつながっているのである。「連携」モデルが既存の学校文化を変えることなく学校外の協力を得ようとするものであるのに対し、「協働」モデルは保護者・地域の多様な思いや校種間の教育観の違いを取り込むことで学校文化を多様で子どもたちにとってより安心して育ち、豊かに学ぶものへと変容させる可能性に開かれている。

こうした「協働」モデルは、昨今文部科学省が提案する「チーム学校」を考える際にも大きな示唆を与えてくれる。ソーシャルワーカーなど学校外のプロフェッショナルとの連携により学校の力は増すであろうし、教師の負担軽減が期待される。しかし、せっかくチームを組むなら、お互いがお互いの守備範囲を担当する「連携」ではなく、相互乗り入れで子どもたちにとってよりよいかかわり方は何かを議論し、ともに子どもたちにかかわる「協働」であってほしいということである。

❸ しんどい学校、しんどい子どもたちにこそつながりが生きる

第1部でも述べられている通り、本書に登場する多くの学校は、地域や家庭の課題が相対的に他の学校と比べて大きく、その課題を克服するために、以前からつながりを大切にした学校づくりを行ってきた。あたたかなつながりによって困難を抱えた子どもたちは支えられ、何とか学校生活を生き

抜いていくのである。

映画「ALWAYS 三丁目の夕日」では、貧しいけれども人情味にあふれ、時にぶつかり合いながらも、つながりに満ちた人々が生きる地域社会が描かれている。お金はないし、学歴もない、しかしつながりならある。つながりは、金持ち連中よりも豊かに持っている。私たちはこういった下町のイメージを、また勉強は苦手だけれど友達づきあいは上手で人気者といった子ども像を抱きがちである。しかし実際には、社会関係資本（つながり）は、経済資本や文化資本が多いほど豊かであることが知られている。

志水宏吉・高田一宏編『マインドザギャップ』（2016、大阪大学出版会）では、社会関係資本を親社会関係資本と子ども社会関係資本に分けて分析が行われている（芝野「社会関係資本と学力の関係」）。ここでいう親社会関係資本は、「子どもと学校での出来事について話す」、「授業参観や運動会など学校行事に参加する」、「子育てや教育について悩みを相談できる友人・知人がいる」などの問いに保護者が回答したもので、子ども社会関係資本は、「家の人と学校であったことを話す」、「いろいろな先生とよく話をする」、「友達がたくさんいる」、「困った時に助けてくれる親戚（祖父母含む）がいる」などの問いに子どもが回答したものである。

そこで明らかになったのは、以下の点である。①学力が高く家庭背景に恵まれている子ほど社会関係資本を多く持っている、②家庭の社会経済的背景が高いほど親とのつながりが強い（子ども同士は無関係）、③ふたり親家庭は、ひとり親家庭と比べて非常に多くの社会関係資本を有している、

④学力が高い子は社会関係資本を多く有している一方で、学力が低い子どもは、子ども社会関係資本の量が少ない、という。

なんとも社会経済的に恵まれない子どもたちにとって厳しい結果ではないだろうか。かれらはつながりにも恵まれていないのである。しかし、話はここで終わらない。なぜならつながりは生み出し、増やすことができるからである。教師・学校の働きかけによって子どもたちの間に豊かなつながりが生まれること、学校と学校、学校と家庭・地域とのつながりも新たに創出されるものであることを本書では確認してきた。そのつながりが、厳しい生活背景の子どもたちを支えてきたことも。

先ほどの調査は、地域背景によって社会関係資本が学力にもたらす効果とその影響力が変わるとも指摘している。特に「しんどい」地域では、他の地域よりも親や子が持つ諸々の社会関係資本が学力に強い効果と影響を与えるという。わかりやすく言えば、社会経済的に恵まれた子は社会関係資本が高くても低くてもあまり関係がないが、「しんどい子」（社会経済文化的背景が厳しく、抱えた困難が大きな児童生徒を大阪の同和教育では、「しんどい子」と呼んできた）にとっては社会関係資本は決定的に重要で、社会関係資本が豊かにあることで学力を高めることが期待できるのである。逆に言うと、「しんどい」地域で社会関係資本に恵まれないと、頼るものが何もなく、学び育つ土台が崩れ去ってしまうリスクの高い状況になるということである。つながりは、特にしんどい子にとって重要であることを覚えておきたい。

❹ 協働の仕組みをつくる

20の事例からもわかるとおり、つながりは自然発生的には生まれないのであって、意図的につくっていかなければならない。たとえば、高須中学校のユニット制は、つながりを生み出し、それを豊かにし維持する仕組みとして機能していた。松原第七中学校では「地域教育協議会」が、教員と地域住民の協働の場と子どもたちの活躍の場を用意していた。その中で、子どもたちを教育し育んでいく視点が共有され、取り組みの強い推進力にもなっていったのである。もちろんその大前提として目の前の子どもたちのためにという「思い」が大切であることは間違いない。ただ、それは必要条件であっても十分条件ではない。私は、すでにほとんどの教員の皆さんは、子どものためにという「思い」をもって教育に携わっておられると信じている。ならば、求められるのはその思いを生かすための協働の仕組みを作っていくことであろう。

そうした協働の仕組みを学校内外につくっていくためにとても効果的なのが、「エビデンス」である。エビデンスは、「根拠」や「証拠」を意味する言葉で、ある取り組みを行う際の根拠を示すものである。子どもたちのためによかれと思ってやったことが、本当に子どもたちのためになっているのか。子どもたちの学力の状況、生活の状況、学校生活に対する意識、こういったものを教師が長年培ってきたカンではなく、目に見えるデータを基に議論しようとする動きが近年高まっている。いわゆるエビデンスに基づいた教育実践である。就学前の保護者アンケートをもとに課題を明らかにし、保育所・学校が共有している金川小学校をはじめとし、本書に登場した多くの学校がこのエビデンスを生かした取り組みを行っている。エビデンスによって現状を客観的に認識し、子どものための取り組みにつなげている。

さらに、エビデンスは異なる立場の人々のつながりを促す役割も果たしている。何かを共に行うとき、同じ土台で議論をするための共通媒体が必要である。立場の異なる人々が、エビデンスという客観的なデータをもとに議論していくなかで、同じ方向を向いて取り組むつながりが生まれる。また、取り組みの成果はどうだったか、これもまたエビデンスをもとに検証することができる。つながりをつくり、生かすためにエビデンスを重視することは強調してもしすぎることはないだろう。

またエビデンス同様、昨今導入が進んでいる「授業スタンダード」やアクティブ・ラーニングも、学校全体としての取り組み体制を確立し、また学校と学校外との協働を深める契機となることが期待される。これまでともに取り組むこと、ともに議論することを妨げてきた教科の壁や学級の壁をどの教科等にも共通の授業スタンダードやアクティブ・ラーニングは乗り越えるツールとなりうる。本書でも、例えば東小では、「東小スタンダード」により取り組みの共通化が図られ、教師と教師のつながりが育まれている。またアクティブ・ラーニングはしばしば子どもたちが教室を越えて「探求」することをねらいとする。学びの空間は学校だけでなく広く地域社会に開かれており、学校と学校外との協働は不可欠となってきている。本書で取り上げた横田高校の「だんだんカンパニー」

もその一つの事例であろう。ただし、授業スタンダードやアクティブ・ラーニングは、その型だけが導入されると逆に教育活動が硬直化することが指摘されている。授業スタンダードもアクティブ・ラーニングも型にはめるのがゴールではなく、型を整えたその上にどのように豊かな実践を作り上げていくかが問われている。

❺ 市民性を育む

前節で、エビデンスは異なる立場の人々がともに議論し、取り組みを検証する「根拠」を示してくれると述べた。しかし、エビデンスは、現状を示してはくれるが、進むべき方向を教えてくれるわけではない。学力テストを行えば、子どもたちの学力や誰がつまずいているのかを把握することができる。しかし、そのテストで測った学力が子どもたちにとって大切かどうかはテストの結果からはわからない。またその学力を高めるために採用した教育方法が長期的に子どもたちにとって望ましいかどうかもエビデンスからはわからない。反復学習や教師の教え込みでテストの点を高めることも可能であろうが、それが将来子どものためになるかどうか。教育学者のガート・ビースタは、エビデンスが示す「なにがうまくいくのか」とは別に、「なにがよい教育か」を教育にかかわる私たちは問い続ける必要があると指摘している（ガート・ビースタ著、藤井啓之・玉木博章訳2016『よい教育とはなにか』白澤社）。

「なにがよい教育か」を考えるにあたり、子どもたちの進路を切り拓くために学力の重要性は強調してもしすぎることはないが、それと同じくらい「仲間とつながる力」、「市民として社会を担い、社会をよくしていく力」といった市民性（シティズンシップ）も重要であると私は考えている。私たちは一人ひとりの子どもたちの自己実現を手助けするために教育を行うが、同時に次世代の社会を担う若者を育てもしている。自分のことだけではなく、公共の問題にかかわっていく市民を育てていきたいものである。本書ではつながりは何かの役に立つだけでなく、それ自体で価値があることを繰り返し確認してきたが、仲間を大切にすること、仲間をつくる力といった「つながり」は、市民性の中核をなすものであろう。また、異年齢で交流したり、地域社会で学ぶことも市民性の涵養を促してくれる。

そしてどのような市民性を教育を通じて育むのかを考えるのは教師だけの役割（権限）ではなく、保護者、地域住民、特に現在の社会で意見が反映されにくい少数者との対話から導き出されるべきである。本書でも多くの学校の取り組みの中で、「子どもたちをどんな大人に育てたいのか」をとことん議論した教員や保護者、地域住民等の姿が登場したが、何をめざすべきなのかを多様な立場の人々が意見を交わすなかから生み出していく必要があるだろう。

そうした意味では、編者の志水を中心とした一連の「効果のある学校」・「力のある学校」研究（志水編著（２００９）『「力のある学校」の探求』大阪大学出版会）は、子どもたちの学力を下支えすることを「よい教育」とし、それを効果的に行うことに成功している学校の物語を描いているということができる。本書は、それを「つながり」の観点から、また学力にとどまらず市民性の涵養にも目をむけて描き出したものである。20の物語が、教育に携わる方々の実践のヒントになり、また元気づけるものになることを願っている。

【編著者紹介】

志水　宏吉（しみず　こうきち）

１９５９年兵庫県生まれ。東京大学大学院教育学研究科博士課程修了。博士（教育学）。東京大学教育学部助教授を経て、現在大阪大学大学院人間科学研究科教授。

著書・編著に、『学校文化の比較社会学』（東京大学出版会）『公立学校の底力』（筑摩書房）、『学力を育てる』（岩波書店）、『「一人も見捨てへん」教育』、（東洋館出版社）、『マインド・ザ・ギャップ！―現代日本の学力格差とその克服』（大阪大学出版会）、『「つながり格差」が学力格差を生む』（亜紀書房）、他多数。

若槻　健（わかつき　けん）

１９７１年島根県生まれ。大阪大学大学院人間科学研究科博士後期課程修了。博士（人間科学）。大阪大学助手、甲子園大学准教授などを経て、現在関西大学文学部准教授。

著書・編著に、『未来を切り拓く市民性教育』（関西大学出版部）、『教育社会学への招待』（大阪大学出版会）、『子どもが　先生が　地域とともに元気になる人間関係学科の実践』（図書文化社）、他多数。

【執筆者一覧】 ※初出順、所属は平成28年度現在

片井　功（前　まんのう町立満濃南小学校校長）
山崎　昌徳（西宮市立高須中学校教頭）
中島　智子（松原市立布忍小学校校長）
田頭かおり（広島市立観音中学校指導教諭）
峯村　均（前　信濃町立信濃小中学校校長）
武末　有理（久留米市立南筑高等学校教諭）
大屋　真一（久留米市立南筑高等学校教諭）
鈴木　康子（大阪狭山市立東小学校校長）
寺澤　真（小樽市立稲穂小学校校長）
山根　弘昭（前　西宮市立深津小学校校長）

小池　康之　（前　足立区立弘道第一小学校校長）
山﨑　一人　（大阪市立南小学校校長）
佐藤　秀昭　（箕面市立萱野小学校教頭）
明石　全弘　（松原市立松原第七中学校校長）
川口　剛史　（松原市立松原第七中学校教諭）
陶山　浩正　（前　島根県立横田高等学校校長）
進野　一樹　（田川市立金川小学校校長）
草場　信幸　（茨木市立豊川中学校校長）
中田　邦和　（井手町立泉ケ丘中学校校長）
藤原　秀彦　（前　大阪府立福井高等学校校長）
宮澤　一則　（板橋区立赤塚第二中学校校長）
湯峯　郁子　（前　大阪府立布施北高等学校校長）

「つながり」を生かした学校づくり

2017（平成 29）年 3 月 25 日　初版第 1 刷発行

編著者　志水宏吉・若槻　健
発行者　錦織 圭之介
発行所　株式会社　東洋館出版社
〒113-0021　東京都文京区本駒込 5 丁目 16 番 7 号
営業部　電話 03-3823-9206 ／ FAX 03-3823-9208
編集部　電話 03-3823-9207 ／ FAX 03-3823-9209
振　替　00180-7-96823
U R L　http://www.toyokan.co.jp
装　幀　竹内宏和（藤原印刷株式会社）
印刷・製本　藤原印刷株式会社

ISBN 978-4-491-03342-6
Printed in Japan